Franzius

PETRA LIERMANN

EINE GLÜCKLICHE SEELE IN ZWEI KÖRPERN

DUALSEELE 2.0

Ratgeber

Ein Buch aus dem FRANZIUS VERLAG

Cover: Simone C. Franzius
Bildlizenzen: Adobe Stock
Korrektorat/Lektorat: Petra Liermann
Verantwortlich für den Inhalt des Textes
ist die Autorin Petra Liermann
Satz, Herstellung und Verlag: Franzius Verlag GmbH
Druck und Bindung: BoD, Norderstedt

ISBN 978-3-96050-178-7

1. Auflage

www.franzius-verlag.de

Die Deutsche Nationalbibliothek verzeichnet diese Publikation in der Deutschen Nationalbibliografie; detaillierte bibliografische Daten sind im Internet über http://dnb.dnb.de abrufbar.

Inhalt

Vorwort

Fast zwei Jahre ist es nun her, dass „Eine Seele in zwei Körpern: Der Weg der Dualseelen in eine glückliche Beziehung" erschienen ist. Und noch immer sind Thema und Buch gleich aktuell. Kein Wunder, denn der Dualseelenweg ist ein langer und es wäre erstaunlich, wenn Menschen plötzlich in der Lage wären, über Jahrzehnte gepflegte Muster, Prägungen und Verhaltensweisen innerhalb weniger Monate zu ändern.

Wer bei Erscheinen meines ersten Buchs noch gedacht hat, das Thema „Dualseelen" wäre nur eine Modeerscheinung und würde bald wieder in der Versenkung verschwinden, hat sich geirrt, denn inzwischen kennen mehr Menschen als je zuvor dieses Phänomen und sind sogar persönlich involviert. Was aber durchaus zu unserer derzeitigen energetischen Situation passt.

Doch warum nun eine Fortsetzung?

Nun, wenn du mein erstes Buch gelesen und den darin enthaltenen Kurs absolviert hast, wirst du dich mit Sicherheit ein gutes Stück weiterentwickelt haben. Trotzdem ist anzunehmen, dass es immer noch Schwierigkeiten und Herausforderungen gibt, die zu meistern sind. Es wird nun mehr um die Details und Feinheiten gehen.

Aus eigener Erfahrung kann ich sagen, dass die anfänglichen Herausforderungen sehr offensichtlich sind, gerade aber dann, wenn erste Erfolge sichtbar werden, Feinarbeit erforderlich ist. Es fällt schwer, nach jahrelanger Arbeit an sich selber nicht „betriebsblind" zu werden und zu erkennen, wo genau es noch hakt, besonders dann, wenn die Dualseele als perfekter Spiegel sich entfernt hat und der Spiegel nur noch bedingt zur Verfügung steht.

Mit diesem Buch möchte ich das Thema weiter vertiefen, ein weitergehendes Verständnis der Situation erzeugen und verdeutlichen, wie es nun weitergehen sollte. Darin habe ich auch das einfließen lassen, was von den Lesern des ersten Buchs an Rückmeldungen kam.

Ich bin dankbar für die vielen Mails mit Berichten und die vielen Leser, die mir ihr Vertrauen geschenkt und mir ihre Geschichte erzählt haben. Und auch darüber möchte ich in diesem Buch erzählen, denn ich durfte nach dem ersten Band viele erstaunliche Menschen kennenlernen, die alle auf ihre wundervolle Weise mit ihrem Dualseelenweg umgehen.

Der Dualseelenprozess ist noch ein relativ junger und wir werden uns alle gegenseitig das Leben einfacher machen können, wenn wir anderen Menschen von unseren Erfahrungen erzählen und sie von unseren Erkenntnissen profitieren lassen. Nur so können wir lernen und diesen Weg in einer positiven Art und Weise für uns nutzen.

Ich würde mich freuen, wenn es auch zu diesem Buch die gewohnten Rückmeldungen geben würde.

In diesem Sinne wünsche ich dir eine erkenntnisreiche Lektüre!

Petra Liermann

Wie der Ist-Zustand aussieht ...

Die Tatsache, dass du dieses Buch in den Händen hältst, sagt eigentlich schon alles, was du wissen musst: Du befindest dich wahrscheinlich mitten im Dualseelenprozess, hast nun schon einige Monate, wenn nicht gar Jahre hinter dir und wünscht dir immer noch, dass deine Dualseele so schnell wie möglich, endlich, endgültig und ohne Rücksicht auf Verluste zu dir kommen möge. Ergo: Du hast dich seit dem ersten Buch „Eine Seele in zwei Körpern“ weiterentwickelt, gehörst aber immer noch in die Kategorie „Nicht loslassender Loslasser“. Mit Sicherheit hast du zwischenzeitlich einige schmerzhafte Erfahrungen gemacht, einmal mehr oder weniger erlebt, wie deine Dualseele mal wieder in den Rückzug gegangen ist, und vor Verzweiflung mehr als einmal in dein Kopfkissen geweint.

Warum ich das weiß? Nun, auch ich hatte diese Phasen und viele andere Menschen erleben sie noch tagtäglich. Und daran ist auch nichts schlimm oder verwerflich. Im Gegenteil ...

Aber dazu später. Im ersten Buch habe ich ausführlich über die Eigenschaften der zwei Beteiligten einer Dualseelenbeziehung geschrieben. Du hast in den Grundzügen verstehen können, dass ihr beide von Grund auf verschieden seid und denkt und dass du wahrscheinlich als Loslasser der Teil der Beziehung bist, der weiß, worum es geht und was zu tun ist, während der Gefühlsklärer weiterhin im Dunkeln tappt und sich seinem Verdrängungsmechanismus hingibt. Und du hast verstanden, dass nur die Eigenliebe dich an einen Punkt bringen kann, den du dir wünscht: die gelebte Beziehung zu deiner Dualseele.

Leider ist es so, dass unser Kopf immer viel versteht, unser Bewusstsein jedoch wenig zu sagen hat, wenn das Unterbewusstsein das Programm „alte Werte und Prägungen" abspult. Und so wird es noch so sein, dass du Vieles zum Positiven hin verändert hast, jedoch immer noch feststeckst und das Gefühl hast, niemals ans Ende der Geschichte zu gelangen.

Ich werde in den folgenden Kapiteln versuchen, dir einige Dinge deutlicher zu machen und Hilfestellungen im Umgang mit dir selbst und der Dualseelenbeziehung zu geben, die dir weiterhelfen können, wenn du über das Anfangsstadium hinaus bist und dir das erste Buch nicht mehr weiterhelfen kann. Und dazu noch einige Tipps, wie du es definitiv schaffen kannst, endlich mit oder trotz dieser Beziehung glücklich zu sein.

Was das Ziel sein sollte …

Um in der Entwicklung weiterzukommen, muss erst einmal ein Ziel definiert werden. Und das darf, laut den bereits erklärten Gesetzen, die für Dualseelenbeziehungen gelten, nicht sein, in eine Beziehung mit der Dualseele zu treten. Dies ist der erste Stolperstein, den viele übersehen: Der Loslasser mag sich noch so oft einreden, dass er alles *für sich* tut. In Wirklichkeit arbeitet er jedoch hart an sich, befolgt alle Regeln und Tipps, geht durch die schmerzhaften Qualen, alte Wunden ans Licht zu befördern und zu heilen, nur um dann zu fragen: „Habe ich jetzt endlich genug geleistet? Ist der Gefühlsklärer immer noch nicht da? Was muss ich denn noch tun?"

So sehr er sich auch eingeredet haben mag, dass er all das für sich selbst getan hat, so wenig lässt sich das Universum hintergehen und etwas vormachen.

Was also kann das einzige Ziel sein, das am Ende in eine gelebte Beziehung zur Dualseele führt? Richtig, die bedingungslose Eigenliebe und das eigene Glück. Für den Loslasser ein Widerspruch in sich, denn er sieht das eigene Glück ja ausschließlich in der Beziehung zur Dualseele. Es ist unmöglich für den Loslasser, vom Kopf her zu begreifen, dass dieses System den Gefühlsklärer wieder auf den Schirm ruft.

Und hier kommt das erste „Geheimnis" über den Gefühlsklärer: Das einzig Attraktive für ihn ist Glück. Hier beißt sich für den Loslasser die Katze in den Schwanz, denn der Gefühlsklärer kommt nur, wenn er das Glück des Loslassers fühlt, der aber für sein Glück scheinbar den Gefühlsklärer braucht. Da Loslasser und Gefühlsklärer energetisch durch eine Direktleitung miteinander verbunden sind, realisiert dieser sofort, dass der Loslasser in seinem Innersten unglücklich ohne ihn ist. Willst du also für den Gefühlsklärer attraktiv sein, werde GLÜCKLICH! Es hilft definitiv nichts – falls du deine Dualseele regelmäßig sehen solltest oder diese anderweitig Informationen über dich bekommen kann –, wenn du den glücklichen, unabhängigen und vielleicht sogar in einen anderen Menschen verliebten Loslasser spielst, um ihn eifersüchtig zu machen oder zum Handeln zu zwingen. Denn – und hier kommt das zweite Geheimnis über den Gefühlsklärer – es gibt nichts Abschreckenderes für ihn als gespielte Gefühle oder sogar einen „Gegenspieler“, den du ihm vorziehst.

Hinzu kommt, dass er vielleicht nicht bewusst die Informationen über deinen „Zustand“ wahrnimmt, in seinem Inneren dein tiefsitzendes Unglücklichsein und deine wahren Gefühle jedoch dafür sorgen, dass ihn irgendetwas hindert, sich für dich zu entscheiden. Es funktioniert so einfach nicht.

Das eigene Glück führt nur über die Eigenliebe. Somit sind wir wieder an einem Punkt, an dem wir bereits im ersten Buch waren. Nur hast du da noch gedacht, dass es reicht, einfach vorzugeben, für das eigene Glück zu arbeiten, anstatt ehrlich zu sein und zuzugeben, dass du das alles nur für den Gefühlsklärer tust. Nun funktioniert das nicht mehr. Du bist weit genug in deiner Entwicklung, um dies für dich zuzugeben. Und auch diese Ehrlichkeit ist ein Teil der Eigenliebe. Deshalb sollte ab heute für dich gelten:

❖ Ab sofort bin ich bedingungslos ehrlich zu mir selbst, ich gebe jedes Gefühl ohne Scham zu und unterdrücke nichts mehr.

Du bist traurig? Setz dich auf dein Sofa, nimm dir eine Packung Taschentücher und weine einfach. Du bist wütend, weil der Gefühlsklärer nicht kommt? Nimm dir ein Kissen und schlage zu. Und vor allen Dingen: Du liest dieses Buch, weil du unbedingt endlich mit ihm zusammen sein willst! Hör auf damit, deine Energie damit zu verschwenden, dir selbst etwas vorzumachen in der Hoffnung, dass du dem Universum und vor allen Dingen dem Gefühlsklärer etwas weismachen könntest. Das Gegenteil ist der Fall, denn sowohl Universum als auch Gefühlsklärer wissen besser als du, dass du nur spielst.

Um das zu verstehen, ist es wichtig zu wissen, dass die energetische Verbindung zwischen dem Loslasser und dem Gefühlsklärer ungehindert funktioniert. Es gibt keine Barrieren, keine Mauern, die man hochziehen könnte, keine Unterbrechung. Der Gefühlsklärer wird unterbewusst immer genau das wahrnehmen, was *wirklich* im Loslasser vorgeht. Und da dem so ist, kannst du auch gleich aufgeben und ehrlich sein.

Dein Ziel ist also im Moment, mit dem Gefühlsklärer in eine Beziehung zu kommen, die auch in der Realität gelebt wird. Und du verstehst, dass das nicht dein Ziel sein sollte. Warum ist es das dann dennoch?

Nun, die Antwort ist sehr einfach: Du hast – wie wahrscheinlich jeder Mensch – von Kindesbeinen an gelernt, dass Liebe Sicherheit darstellt. Wenn du angenommen und geliebt wirst, ist dein Überleben gesichert. Und das ist die *einzige Sache*, die deinen Kopf interessiert: dein Überleben. Er ist im Baby- und Kindesalter steckengeblieben und versucht immer noch, die Liebe der Eltern zu bekommen. Und die kam dann, wenn du dich so verhalten hast, wie andere es wollten. Nur hast du deine Eltern gegen andere Personen ausgetauscht, von denen du diese Liebe nun erwartest. Dein Kopf hat genau drei Dinge noch nicht verstanden, die das unterbewusst ablaufende Programm „Mission Sicherheit durch Liebe" ändern könnten:

1. Du bist ein erwachsener Mensch, der sich selbst ernährt und eine eigene Unterkunft hat. Zumindest in der westlichen Welt ist es nahezu unmöglich, aus Mangel an Irgendetwas zu sterben. Dies bedeutet, dass du keinen anderen Menschen zum Überleben brauchst.

2. Die Liebe, die du als Kind wolltest, war eine Liebe, die wenig mit der Liebe zu tun hat, die dir heute fehlt. Es war eine Liebe, die dein Überleben sicherte, indem Menschen sich um dich kümmerten und alles im Außen taten, damit es dir gutging. Heute willst du für das

geliebt werden, was du bist, nicht mehr, um dein körperliches Wohlergehen zu sichern.

3. Die Liebe, die dir fehlt, ist die Liebe, die du dir selbst geben kannst. Nur ist das besagte Programm in deinem Kopf daran gewöhnt, jede Lösung im Außen zu suchen. Deshalb kommt er gar nicht auf die Idee, dass du dich selbst lieben könntest und dies ausreichend ist.

Wenn du diese Punkte verstanden hast und nun bewusst an den Mangel an Liebe herangehst, kannst du deinem Kopf immer dann antworten, wenn er wieder einmal meint, dass du unbedingt den Gefühlsklärer brauchst, um genug Liebe in deinem Leben zu haben. Und ihm gleichzeitig vorgeben, dass du von nun an daran arbeiten willst, dich selbst ausreichend zu lieben, damit du keine Liebe mehr von anderen Menschen brauchst.

Genau an diesem Punkt fangen bei dir alle Alarmglocken an zu schrillen: *Halt! Nein! Ich verliere den Gefühlsklärer! Ich brauche ihn doch! Ich kann doch nicht damit anfangen, mich selbst so zu lieben, dass ich ihn nicht mehr brauche. Er ist doch alles, was ich will!*

Warum? Nun, dein Unterbewusstsein wehrt sich mit aller Macht, das von ihm bisher so schön praktizierte Programm zu ändern, denn bis hierhin hast du ja mit dessen Hilfe überlebt. Du bist in keiner akuten Lebensgefahr, der Schmerz ist noch erträglich und das, wo du hinwillst, ist eine Grauzone. Mehr noch, es ist für dein Unterbewusstsein ein riesiges schwarzes Loch, das laut „Gefahr" schreit. Dein Kopf mag lieber ein schmerzhaftes und unerfülltes Dasein, das er kennt und von dem er weiß, dass du es überleben wirst, als das große Risiko des schwarzen Lochs. Es ist also nun an dir, dich diesem Programm bewusst zu widersetzen und zu entscheiden. Sei weiterhin ehrlich zu dir selbst, fühle deinen Schmerz, deine Unsicherheit und deine Sehnsucht, nimm die Zweifel deines Unterbewusstseins wahr, aber verfolge konsequent dein Ziel, dass du dein neues Ziel vollständig anerkennen und leben kannst: Glück und Eigenliebe.

Der erste Schritt ist also die Erkenntnis, dass das eigentliche Ziel nicht erstrebenswert ist, obwohl es immer noch vorhanden ist, und dass dieses ersetzt werden muss. Diese ehrliche Erkenntnis ist schon ein beachtlicher Schritt in Richtung Eigenliebe. Nun folgt Disziplin beim strikten Befolgen der bereits im ersten Buch erlernten Methoden zum Erreichen von mehr Eigenliebe.

Viele Dinge werden dich immer wieder auf dem Weg hin zu deinem neuen Ziel verunsichern und frustrieren. Denn wie gesagt: Es ist noch nicht das Erreichen des endgültigen Ziels. Bisher bist du noch an einem Punkt, an dem der Wunsch nach einer Beziehung alles dominiert. Du willst aber das *ehrliche Ziel* haben, glücklich zu sein und dich selbst zu lieben. Erst dann kannst du auch ehrlich daran arbeiten, dies zu erreichen. Denn bisher hast du dein eigenes Glück mit dem Zusammensein mit deiner Dualseele in einen Topf geworfen, was dazu führte, dass dein Unterbewusstsein den altbekannten Weg ging. Du warst glücklich, wenn man dir schwere Aufgaben vor die Nase setzte, die du bewältigen musstest, um den Gefühlsklärer endlich aus dem Rückzug herauszuholen, weil du es gewohnt bist, Leistung für Liebe zu bringen. Und je größer die Leistung, umso größer die Liebe. Das mag in deinen bisherigen Beziehungen zeitweise funktioniert haben, tut es nun, wenn es um die bedingungslose Liebe einer Dualseele geht, aber leider nicht mehr. Leider, weil jeder Loslasser dieses System zur Genüge kennt und nichts Neues lernen müsste.

Man kann jedem Loslasser sagen: „Du musst noch mehr leiden, noch mehr geben und dann noch den Himalaya besteigen und auf dem Gipfel Cha-Cha tanzen!" und er würde es mit Vergnügen tun. Denn das ist es, was Loslasser kennen: Die größte Leistung bringen, die sie dann für die große Liebe „qualifiziert". Doch nun ist es genau andersherum: Das erste Mal bist *du selbst* genug und jede altbekannte Leistung für Liebe verpufft wirkungslos.

Das neue Ziel, das es mit dem gesamten Sein anzunehmen gilt, ist also:

❖ Ich liebe mich selbst, wie ich bin, und handle nur im Sinne meines eigenen Glücks.

Sobald du dies mit Überzeugung als dein eigenes Ziel annehmen kannst, kann der Weg hin zur Eigenliebe beginnen. Und genau das ist es, wohin der Gefühlsklärer dich mit seinen ständigen Verletzungen treibt: an einen Punkt, an dem du so verletzt bist, dass du ihn aufgibst.

Es sind aber nicht nur altbekannte Muster wie diese, die den Loslasser davon abhalten, den Weg des Glücks zu wählen und zu gehen. Jeder ist sicherlich anders gestrickt, doch haben Loslasser immer dieses Grundprogramm im Unterbewusstsein. Dieses wird jedoch durch einige Gegebenheiten ergänzt, die es ihm schwermachen, überhaupt glücklich sein zu *wollen*.

Was das Leben zusätzlich erschwert …

Die folgenden Muster sind beispielhaft und treffen nicht auf jeden Loslasser zu, jedoch ist es meist mindestens eines davon, das wie ein riesiger Ozean zwischen ihm und einer gelebten glücklichen Liebesbeziehung steht.

<u>Der Loslasser, der gar keine Beziehung will</u>

Dies mag absolut unlogisch klingen und irgendwie danach, als ob zumindest eine leichte psychische Erkrankung vorliegen würde, ist in Wirklichkeit aber ein sehr häufiger Grund, warum der Loslasser wie der Esel hinter der Mohrrübe herrennt und seine so sehr herbeigesehnte Beziehung niemals erreichen kann. In seinem Unterbewusstsein spielen sich nämlich zeitgleich zwei Programme ab:

1. „Mir fehlt Liebe, also verliebe ich mich, damit der Mangel ausgeglichen werden kann."

2. „Beziehungen sind gefährlich, weil sie schmerzhaft sind und dieser Schmerz gefährlich werden kann, also vermeide ich sie."

Das Endergebnis des Versuchs unseres Unterbewusstseins, diese beiden Punkte zu vereinen, ist:

„Ich verliebe mich in Menschen, bei denen ich keinerlei Gefahr laufe, dass sie sich auch in mich verlieben könnten oder bei denen die Wahrscheinlichkeit einer gelebten Beziehung gleich Null ist."

Total unlogisch? Stimmt, aber wer sagt, dass unser Unterbewusstsein immer logisch ist? Oder vielmehr: Es ist so logisch, dass es uns manchmal schon wieder unlogisch erscheint. Denn im Prinzip hält es uns durch seine Logik immer in einer sicheren Komfortzone, die uns überleben lässt. Wenn auch manchmal mit Schmerzen.

Es gibt jede Menge Beispiele, die genau dieses Verfahren bestätigen. Keine Frau sucht sich zum Beispiel bewusst einen Partner aus, der gewalttätig ist. Trotzdem können viele bestätigen, dass sie immer wieder an einen solchen geraten. Ebenso wenig sucht sich eine Frau bewusst einen erklärten Macho aus. Oder einen Homosexuellen. Und doch geraten sie immer wieder an Männer, die sich nur unter schwierigsten Bedingungen für eine Beziehung mit ihnen entscheiden könnten. In den einfachsten Fällen steht „nur" eine andere Frau im Weg, in den schwierigen die sexuelle Orientierung, die nun mal nicht zu ändern ist.

Nun kann es sicherlich so sein, dass dies einmal vorkommt. Aber es gibt Frauen, gerade unter den Loslassern, die seit ihrer Jugend immer genau in den Mann verliebt sind, der hundert gute Gründe hat, mit ihnen keine Beziehung einzugehen. Hierzu passen auch die „Tester".

Der Loslasser, der die 150prozentige Sicherheit will

Es gibt eine Reihe von Gründen, warum Menschen immer wieder verletzt werden. Manche gehen, wie der zuvor beschriebene Typ, danach einfach jedem Risiko aus dem Weg, andere wiederum entscheiden sich, von nun an eine Reihe von „Tests" durchzuführen, um sicherer als sicher zu sein, dieses Mal nicht verletzt zu werden. Hierzu erschafft das Unterbewusstsein scheinbar nicht zu bewältigende Aufgaben, die es für die betreffende Person zu bewältigen gilt. Es zieht dafür nie selbst gemachte Erfahrungen heran, die als „bestandene Prüfung" gelten. Unser Unterbewusstsein wurde in diesem Bereich von frühester Kindheit an geschult. Die arme Dienstmagd Cinderella bekommt ihren Prinzen, Schneewittchen wird vom Prinzen gerettet, in „Titanic" stirbt Jack für Rose und in „Fifty Shades of Grey" wird ein milliardenschwerer Sadist zum Softie. Und auch wenn wir wissen, dass dies alles Geschichten sind, so hat sich in unserem Unterbewusstsein ein Ideal gebildet, das es nun zur Anwendung bringt. Der ultimative Liebesbeweis ist gefragt. Da wir aber im realen Leben weder Jack noch Christian Grey über den Weg laufen, sucht sich dieser Typ nun genau die Männer aus, die schon zuvor beschrieben wurden. Doch wird aus dem Satz „Ich verliebe mich in Menschen, bei denen ich keinerlei Gefahr laufe, dass sie sich auch in mich verlieben könnten oder bei denen die Wahrscheinlichkeit einer gelebten Beziehung gleich Null ist." zu „Ich verliebe mich in Menschen, die mir durch größtmögliche Verleugnung und/oder Änderung ihres Wesens beweisen, dass sie sich auch in mich verliebt haben, und bei denen die Wahrscheinlichkeit einer gelebten Beziehung normalerweise gleich Null wäre."

Das größtmögliche „Opfer", die weitestgehende Aufgabe der Identität, wird zum Beweis der großen Liebe.

Der Loslasser, der die Schwere liebt

Ein sehr ähnlicher Typ ist der Loslasser, der sich niemals eine einfach verlaufende Liebesgeschichte aussuchen würde, weil nur der schwere und steinige Weg seines Erachtens nach erstrebenswert ist. Auch er sucht sich, genau wie der vorhergehende Typ, die Christian Greys dieser Welt aus. Warum? Weil ein Happy End erst nach großer Tragik, Schmerz und Selbstaufgabe erfolgen kann. Sein erlerntes System ist es, dass das Leben nun einmal immer aus einer gewissen Schwere besteht und das Glück umso größer ist, je schwieriger der Weg dahin war. Leider hat sich dieser Loslasser so an die Schwere gewöhnt, dass es zu seiner Komfortzone geworden ist, deren Verlassen das Unterbewusstsein als „zu riskant" einstuft. Leichtigkeit und Glück liegen außerhalb der Grenzen dieser Komfortzone und werden deshalb gemieden. Und wenn das Unterbewusstsein vor der Wahl steht, den einfachen oder den schweren Weg zu gehen, wird es letzteren auch wählen, eben weil es der scheinbar sichere ist.

Mit Sicherheit gibt es noch weitere Typen, die das Leben als Teil einer Dualseelenbeziehung erschweren. Doch ist es einleuchtend, dass ein Gefühlsklärer jeden der hier vorgestellten perfekt bedient. Sie sind eine sichere Bank für den Loslasser, der gar keine Beziehung will, denn geht dieser Typ nicht in die Eigenliebe – was das Unterbewusstsein in diesem Fall zu verhindern weiß – wird der Gefühlsklärer immer ein Traum bleiben. Er wird dafür an einen Punkt in seinem Leben kommen, wo er dieses radikal ändern und wahrscheinlich auf mehr als eine Art komplett neu anfangen muss, was das Sicherheitsbedürfnis von Typ zwei stillen dürfte. Und er bedient das Bedürfnis von Typ drei nach einem schweren und steinigen Weg.

Auch hier führt nur die Ehrlichkeit sich selbst gegenüber den Loslasser auf den Weg der „Besserung". Sich selbst über das eigene Wesen und die Funktionsweise des Unterbewusstseins bewusst zu werden, ist der Beginn des Abbaus dieser Systeme. Diese sind vielleicht nicht unbedingt störend, wenn man sich noch in der Phase des Lernens der Eigenliebe befindet, führen aber dazu, dass eine gelebte Beziehung mit der Dualseele niemals über eine Anfangsphase hinausgehen kann. Denn das Unterbewusstsein wird immer weiter nach dem bekannten System funktionieren und die Erfüllung des inneren Bildes fordern. Dies macht eine glückliche Beziehung unmöglich, weil es dem komplett widerspricht.

Es gilt also zu erkennen, ob eine solches „Unterprogramm" im Unterbewusstsein vorhanden ist, wie genau es funktioniert und es dann umzuprogrammieren.

Wie jedes innere Bild, das wir in uns tragen, kann auch dieses sich nur im Außen spiegeln. Nichts, was wir nicht in uns tragen, kann sich im Außen manifestieren. Es würde sich nicht nur in einer zukünftigen Beziehung weiterhin spiegeln, es ist auch im Hier und Jetzt von großer Bedeutung, denn es zeigt uns genau, wo es noch „hakt“ und wie wir derzeit „ticken“.

„Spieglein, Spieglein an der Wand …“

Eines meiner liebsten Gesetze ist das Spiegelgesetz. Ich gebe zu, dass ich es in manchen Zeiten gehasst habe, denn manchmal schaut man einfach nicht gerne in den Spiegel und mag gar nicht, was man dort zu sehen bekommt.

Ebenso habe ich Zeiten gehabt, in denen ich den Satz „Deine Dualseele ist dein perfekter Spiegel“ am liebsten mit kleinen scharfen Messern in Stücke geschnitten, in Öl getränkt und mit einem Streichholz angezündet hätte.

Doch gerade wenn es um die eben beschriebenen Typen geht, ist die Dualseele als Spiegel für den Loslasser unglaublich wertvoll.

„Schau in diesen Spiegel und betrachte dich selbst. Das, was du vom Gefühlsklärer willst, willst du eigentlich von dir selbst.“

Ein sehr schlauer Spruch, aber genau das trifft den Nagel auf den Kopf. Wenn der Loslasser sich nach dem Gefühlsklärer sehnt, sehnt er sich eigentlich nach mehr Nähe zu sich selbst. Dann ist wieder etwas Ruhe, Zeit mit sich selbst und eine Bestandsaufnahme angesagt. Will er, dass der Gefühlsklärer sich von etwas oder jemandem trennt, ist eigentlich gemeint, dass der Loslasser selbst alles Hinderliche, was ihn von sich selbst trennt, beseitigen sollte.

Loslasser und Gefühlsklärer verbindet ein energetisches Band, das sich in der Länge nur selten verändert. Entfernt sich der eine vom anderen, wird dieser dafür sorgen, dass die Entfernung aufrechterhalten wird. Das Band kann nur dadurch gekürzt werden, dass der Loslasser in die Eigenliebe geht und glücklich wird. Denn nur das ermöglicht es dem Gefühlsklärer, über die ihm mitgeteilte Energie dieses Gefühls seine Ängste zu überwinden und ein neues Leben anzufangen, um diese Energie selbst zu produzieren. Klingt kompliziert?

Eigentlich ist es sehr einfach. Auch wenn manche meinen, dass jeder seines eigenen Glückes Schmied ist und immer noch jeder für sich selbst die Entscheidungsfreiheit besitzt, so ist es doch in einer Dualseelenbeziehung so, dass der mit dem größeren Verständnis für die energetischen Vorgänge auch Vorgänger ist und den anderen automatisch mitzieht. Natürlich steht jedem Menschen zu, sich selbst zu entscheiden, da es sich in einer Dualseelenbeziehung allerdings lediglich um *eine* Seele handelt, reicht es vollkommen aus, wenn ein Teil sich verändert. Auf Dauer kann der andere Teil sich kaum widersetzen, denn die ständige Kraftanstrengung, das energetische „Gummiband" gespannt zu halten, würde ihn irgendwann überfordern.

Anfangs ist es so – und hier kommen wir wieder zum Spiegelgesetz –, dass die Distanz zwischen den beiden Teilen groß ist, denn die Distanz des Einzelnen zu sich selbst ist noch sehr groß. Nur das Annähern an die eigene Person und die Eigenliebe kann auch ein Annähern der einzelnen Teile bewirken. Sie können vielleicht kurzzeitig größere Nähe oder Distanz erzwingen, doch wird das energetische Band wie besagtes Gummiband immer wieder in die ursprüngliche Form zurückschnellen, was meist in Form eines Rückzugs des Gefühlsklärers geschieht.

Kommen wir zurück zum Spiegelgesetz: Kaum etwas kann den Loslasser also in der Entwicklung weiter bringen als die „Nutzung" des Gefühlsklärers als perfekten Spiegel. Der Loslasser ist daran gewöhnt, es allen rechtzumachen, er schaut darauf, was andere brauchen, um von ihnen Liebe, Anerkennung und Zuneigung zu bekommen. Doch nun kann er anhand dieses Spiegels selbst das kleinste Detail dessen erkennen, was er selbst von sich braucht und will. Dafür reicht es nicht, einfach lapidar zu sagen: „Ich will, dass der Gefühlsklärer endlich zu mir kommt und wir eine Beziehung führen!" Es ist wichtig, diesen Wunsch bis ins Kleinste zu formulieren. Was genau fehlt? Was braucht man? Wie soll die Beziehung sein? Wie soll sie gelebt werden? Je tiefer man emotional geht und je genauer das Gefühl definiert werden kann, desto genauer wird auch die Karte mit dem Weg zur Eigenliebe.

Wann immer ein Gefühl von Sehnsucht oder Trauer aufkommt, ist es also an der Zeit, bei sich selber nachzusehen, was gerade nicht stimmig ist. Und mit der Zeit lernt man, das Spiegelgesetz zu lieben.

Doch da der Loslasser ist, wie er eben ist, macht ihn die gedankliche Beschäftigung mit dem Gefühlsklärer wahnsinnig, denn er hat bisher immer Menschen irgendwie verstanden und kontrollieren können. Er hat schnell ihr System begriffen und wusste, wie er sich ihnen nähern kann, wie er sie dazu bringen konnte, dass sie ihn mögen und in seinem Leben bleiben. Manch einer mehr, andere weniger erfolgreich. Es gibt Loslasser, die es perfektioniert haben, andere wiederum schlagen sich so durch.

Am Ende ist ein wesentlicher Teil des negativen Gefühls, das den Loslasser quält, aber das Unverständnis des Wesens des Gefühlsklärers. Denn alles, was normalerweise funktionierte, funktioniert bei ihm nicht. Ja, man kann in manchen Situationen schon fast sagen: „Mach genau das, was du niemals tun würdest, und der Gefühlsklärer wird in deinem Sinne reagieren!"

Darum nun ein paar Erklärungen, die es dem Loslasser ermöglichen, den Gefühlsklärer besser zu verstehen.

Der Kopfmensch, das unbekannte Wesen ...

In fast allen Fällen ist der Gefühlsklärer der Kopfmensch, während der Loslasser der Gefühlsmensch ist. Logisch eigentlich. Dies bedeutet, dass beide nach komplett unterschiedlichen Systemen funktionieren. Das „Basisprogramm“ ihres Verhaltens könnte verschiedener nicht sein. Der eine lebt am Südpol, der andere am Nordpol.

Die meisten Menschen gehen, bevor sie sich eingehend mit diesem Thema befasst haben, davon aus, dass ein Kopfmensch einfach alles über sein Denken regelt, während ein Gefühlsmensch sich von seinen Gefühlen leiten lässt. Aber das ist nur ein winziger Teil der Wahrheit, denn beide werden dem Grunde nach von der Angst vor Verletzung und Liebe getrieben.

Ein Gefühlsmensch betrachtet weniger die knallharten Fakten als die Emotionen dahinter. Er sucht in Gesprächen immer die Emotionen hinter den Worten, legt mehr Wert auf die sichtbaren Gefühle des Gegenübers als auf die puren Informationen. Und vor allen Dingen wird er immer entsprechend seiner Gefühle entscheiden. Gefühle lassen sich für ihn nur sehr begrenzt verdrängen und liegen in der Gewichtung immer über Plänen, Strategien und Vorgehensweisen.

Ein Gefühlsmensch ist in der Lage, seine Pläne und seine Sicherheit für ein entsprechend starkes Gefühl komplett über den Haufen zu werfen. Und er wird von seiner Umgebung erhoffen und erwarten, dass sie seine *Zeichen* versteht.

Ein Kopfmensch hingegen liebt klare *Fakten* und macht am Ende des Tages sein „kaufmännisches Kreuz". Gefühle existieren für ihn genauso und er kann genauso intensiv lieben wie ein Gefühlsmensch, allerdings sind Gefühle nie ein Grund für ihn, seine Sicherheit und seine Pläne über den Haufen zu werfen. Er braucht Klarheit in den Aussagen und nimmt die Fakten, die ihm geboten werden, ohne auf die vielleicht scheinbar nicht dazu passenden Zwischentöne zu achten.

Warum sich beide so oft missverstehen, dürfte nun offensichtlich sein: Der Gefühlsmensch, der für Liebe alles tun würde, interpretiert das Festhalten des Kopfmenschen an seinen Plänen und an seiner Sicherheit als mangelnde Liebe. Da der Kopfmensch zudem nicht gerade ein Meister im Vermitteln seiner Emotionen ist, fehlt auch die gesprochene Mitteilung. Der Gefühlsmensch »verdurstet«, weil sein Bedürfnis nach Emotionen keine Nahrung bekommt. Der Kopfmensch, der ganz ausgefeilte Pläne geschmiedet hat und alles tut, damit der Gefühlsmensch ebenfalls zufrieden ist, findet jedoch den Fehler nicht, versteht nicht, wieso der andere seine Form der Liebesbekundung nicht sieht. Auch wird der Kopfmensch viele »Zeichen« des Gefühlsmenschen gar nicht erst erkennen. Zieht sich der Gefühlsmensch zum Beispiel zurück, setzt sich weit von anderen entfernt hin oder ist ruhig, ist das seine Art, den anderen zu zeigen, dass es ihm nicht gutgeht, und er hofft, dass jemand zu ihm kommt und ihm Hilfe anbietet. Der Kopfmensch wird sehen, dass er das Alleinsein wählt und scheinbar ungestört sein will. Ein Missverständnis, das dann dazu führt, dass der Gefühlsmensch sauer ist, weil der Kopfmensch scheinbar einfach darüber hinweggeht, dass es ihm schlechtgeht, während der Kopfmensch nur den für ihn offensichtlichen Wunsch des Gefühlsmenschen respektieren wollte.

Und so gibt es eigentlich nur den Weg, dass beide das System des anderen zumindest in groben Zügen verstehen und aufeinander zugehen, vor allen Dingen jedoch nichts vom anderen erwarten. Wenn der Gefühlsmensch mehr lernt, seine Gefühle weniger zwischen den Zeilen, sondern in klaren Worten auszudrücken, und der Kopfmensch mehr versucht, seine eigenen Gefühle mitzuteilen, ist schon ein wichtiger Schritt getan. Denn ansonsten ist es, als ob der eine Chinesisch und der andere Spanisch redet und beide sich wundern, dass sie einander missverstehen.

Kopf- und Gefühlsmensch sind grundverschieden. Sie werden von einem absolut andersartigen »Betriebssystem« gesteuert. Während es bei dem einen um die sachliche Seite geht, er im Außen oftmals als extrem selbstbewusst und unangreifbar erscheint, weil er in seiner Überzeugung nahezu perfekt ist, und er von großen Emotionen weitestgehend überfordert wird, kann der andere von Gefühlen nicht genug bekommen, kommuniziert hauptsächlich auf der Beziehungsebene und zweifelt oft an seinem Wert.

Trotzdem hat auch der Kopfmensch ein Problem mit seiner Eigenliebe, steht aber vor einer komplett anderen Herausforderung als der Gefühlsmensch. Während der Kopfmensch einen Ausgleich zwischen dem angenommenen höheren Eigenwert und dem seiner Umgebung beigemessenen Wert herstellen muss, sich selbst also weniger wichtig nehmen sollte, muss der Gefühlsmensch lernen, sich selbst wichtiger zu nehmen.

Auch unterscheiden sich die Ängste, die wahrgenommen, angenommen und bearbeitet werden sollten, komplett. Der Kopfmensch hat Angst vor Gefühlen, weil er sie als überfordernd und riskant empfindet, zeitgleich aber keinen logischen Grund sieht, dieses Risiko einzugehen. Er muss lernen, sich seinen Ängsten zu stellen und seine Gefühle für sich zu klären und anzunehmen.

Der Gefühlsmensch hat Angst vor Verletzungen und Zurückweisung, hält deshalb alles auf Biegen und Brechen fest, was mit Liebe zu tun hat, und muss lernen, dass Liebe Loslassen erfordert.

Natürlich ist jeder Mensch einzigartig und besteht nicht nur aus einer Orientierung. Auch ein Gefühlsmensch hört auf seinen Kopf, genauso wie ein Kopfmensch seinen Gefühlen nachgeben kann. Wie groß die Anteile bei jedem Einzelnen sind, ist sehr unterschiedlich. Es geht hier jedoch in erster Linie darum, die Denkweise zu verdeutlichen.

Möchte man eine Liste von Charakteristika erstellen, so kann man sagen, dass der Kopfmensch den männlichen Attributen zuzuordnen ist. Er kommuniziert meist auf der Sachebene, plant gerne, lebt zielgerichtet und verfügt, zumindest oberflächlich betrachtet, über ein beträchtliches Selbstvertrauen.

Gefühlsmenschen sind hingegen eher dem Weiblichen zuzuordnen, lassen sich von ihren Emotionen leiten und leben sehr teamorientiert.

Mit dieser Einteilung ist jedoch keinesfalls gemeint, dass nun alle Männer Kopfmenschen und alle Frauen Gefühlsmenschen sind, denn männliche und weibliche Anteile sind in jedem Menschen vorhanden. Es kann durchaus Männer mit überwiegend weiblichen Anteilen und Frauen mit männlichen Anteilen geben. Es geht bei dieser Einteilung lediglich um das Verständnis der »Funktionsweise« bestimmter Typen. Und wer sich näher mit Kommunikation beschäftigt, wird feststellen, wie wesentlich es ist, zur Vermeidung von Missverständnissen das Modell »Vier Seiten einer Nachricht« nach Schulz von Thun zu kennen, mit dem man hier noch feine Kategorisierungen vornehmen kann.

Ob ein Mensch von Kopf oder Gefühlen gesteuert ist, entscheidet maßgeblich darüber, wie gewünschte Veränderungen erreicht werden können.

Diese Erklärung sollte verdeutlichen, dass Kommunikation wie in „normalen Beziehungen“ zwischen Dualseelen nicht funktionieren kann.

Nun muss man sich natürlich fragen, wie dann überhaupt jemals eine glückliche Beziehung möglich sein soll. Die Antwort ist sehr einfach: In dem Moment, in dem beide Teile sich selbst genug lieben, vom anderen nicht mehr den Ausgleich eines Mangels erwarten und ihn so sein lassen können, wie er ist, ihn also bedingungslos lieben, hat das Vertrauen Platz und man ist in der Lage, sich gegenseitig anzunehmen. Wo vorher Verletzungen entstanden wären, herrscht jetzt Vertrauen und wird geklärt. Wo vorher Enttäuschungen vorprogrammiert waren, gibt es nun gar keine Erwartungen mehr, die enttäuscht werden könnten. Was nicht bedeutet, dass ab dem Punkt „Nun sind wir endlich ein Paar" alles rosarot mit Schleifchen und Blümchen und Happy End läuft. Denn eigentlich kommt man im Zusammenleben mit der Dualseele noch exakter an die kleinen und fiesen Feinheiten heran, die noch zur komplett umgesetzten Eigenliebe fehlen. Aber das ist dann vielleicht ein Thema für ein drittes Buch.

Man könnte die Geschichte des Gefühlsklärers in der Dualseelenbeziehung also so beschreiben:

Gefühlsklärer trifft Loslasser, er kann seine Mauer nicht schnell genug hochfahren, weil er so unerwartet vom Gefühl der Liebe getroffen wurde, dass er keine Zeit für Reaktionen mehr hatte. Eigentlich fühlte er sich sicher, denn er hatte vor Urzeiten bereits innerlich beschlossen, der Angst nachzugeben, wieder verletzt zu werden, und sich deshalb nie wieder in tiefe emotionale Abgründe zu begeben. Doch nun wird er überwältigt. Und das überfordert ihn emotional. Zuerst kann er sich nicht wehren, er gibt vielleicht nach, eine kurze Beziehung mit dem Loslasser ist möglich. Doch dann siegt die Angst. Er rennt weg. Natürlich liebt er den Loslasser und meistens weiß er das auch. Doch es gibt so viele andere Dinge, die wichtig für ihn sind. Eventuell eine Ehefrau, der er sich verpflichtet sieht, seine finanzielle Sicherheit, Kinder, ein Job ... Die Gründe, die nun vorgegeben werden, warum eine Beziehung nicht gelebt werden kann, sind vielfältig. Manchmal, wenn sein Verdrängungsmechanismus nicht mehr funktioniert, rennt er wieder auf den Loslasser zu, ist aber auch genauso schnell wieder verschwunden. Es liegt nicht in seiner Absicht, den Loslasser zu verletzen, ganz im Gegenteil. Und wenn eine lockere Affäre möglich wäre, würde er diesen Weg auch wählen. Aber seine Angst vor einer weiteren tiefen Verletzung ist so groß, dass er alles tut, um dieses Risiko nicht einzugehen.

Es vergehen Jahre, in denen die Anstrengungen zur Verdrängung immer größer werden. Oft nutzt der Gefühlsklärer nun auch „Hilfsmittel", die ihm das Verdrängen leichter machen. Manche wählen Alkohol, andere Tabletten. Es ist weniger die Liebe zum Loslasser, die ihm das Leben so schwer macht, als die Tatsache, dass seine mit dem Kopf getroffene Entscheidung, wie er sein Leben absichern kann und wie er sein Leben führen will, nicht mehr stimmig ist. Er leidet darunter, nicht mehr authentisch zu sein. Treffen mit dem Loslasser überfordern ihn emotional immer noch, aber er hat entschieden, sich beim Loslasser erst dann zu melden, wenn er eine Beziehung für möglich hält, die so ist, wie der Loslasser es sich vorstellt. Oder wenn er genug Sicherheit erlangt hat. Er genießt dessen Aufmerksamkeit, Nachrichten von ihm, antwortet aber nicht, weil er nicht will, dass der Loslasser sich Hoffnung macht und im selben Atemzug den Gefühlsklärer öfter kontaktiert, was sich für ihn nicht gut mit seiner Verdrängung vertragen würde.

Das Ende des Leids ist der Moment, in dem der Gefühlsklärer seine Angst überwindet, nicht mehr auf seinen Kopf hört und sein bisheriges Leben hinschmeißt, um neu anzufangen. Wichtig dabei ist – und an diese Tatsache muss der Loslasser immer denken und sie in all seine Überlegungen miteinbeziehen:

- Der Gefühlsklärer wird niemals sein bisheriges Leben aufgeben und eine feste Beziehung mit dem Loslasser eingehen, nur weil er die Sehnsucht nach ihm nicht mehr aushält oder die Liebe so groß ist, dass er nicht mehr widerstehen kann.

Mit dieser Desillusionierung muss der Loslasser leben. Es wird aber auch genau dann überflüssig, wenn der Loslasser sich in der Eigenliebe befindet, denn dann benötigt er diese Art von Bestätigung nicht mehr für sich. Er hat sich dann von diesen alten Prägungen entfernt, sie umgewandelt und für sich einen einfacheren und vor allen Dingen von anderen unabhängigen Weg gefunden, sich Bestätigung, Aufmerksamkeit und Liebe zu geben.

Der Gefühlsklärer ist Kopfmensch und als solcher kann ihn ein Gefühl nicht dazu bringen, alle Sicherheiten und

Pläne über den Haufen zu werfen. So sehr sich die meisten Loslasser genau das wünschen, so wenig werden sie es bekommen. Denn für den Loslasser ist genau das der ultimative Beweis der Liebe: Ein Mensch krempelt für ihn sein Leben komplett um. Nun, diesen Beweis wird der Gefühlsklärer ihm immer schuldig bleiben.

Wer nun das Spiegelgesetz anwendet, bekommt das perfekte Bild des Loslassers ...

Solange der Loslasser der Überzeugung ist, der Gefühlsklärer müsse nur den Mut finden, zu ihm zu kommen, weil er über die Universallösung aller Probleme verfügt, irrt er gewaltig und ist noch Meilen davon entfernt, bereit für eine Beziehung zur Dualseele zu sein. Gefühlsklärer empfinden nämlich dasselbe wie Loslasser, nur in ihrem „Spezialgebiet", der Distanz. Der Gefühlsklärer leidet unter der Nähe zum Loslasser wie der Loslasser unter der Distanz zum Gefühlsklärer. Der eine kann nicht genug Nähe bekommen, während der andere nicht genug Distanz aufbauen kann. Es ist eine Prägung, die gegensätzlicher nicht sein könnte.

Glaubt man also an das Spiegelgesetz, wird der Gefühlsklärer erst in der Lage sein, eine Beziehung zum Loslasser einzugehen, wenn dieser fähig ist, mit der Distanz zu leben und sie zu „ertragen". Dies kann nur die bedingungslose Liebe.

All das wäre noch gar nicht einmal so schwierig, wenn die Welt nur aus den sichtbaren Teilen bestehen würde. Das „Grobstoffliche", wie man es auch nennt, also das, was sichtbar, ertastbar und hörbar ist, reicht eigentlich in einer solchen Beziehung schon an Belastung aus. Wäre da nicht noch das „Feinstoffliche", die energetische Ebene, die bei Dualseelen fast noch wichtiger einzustufen ist. Denn sie lässt nur absolute Ehrlichkeit zu.

Das Wahrheitsserum in Dualseelenbeziehungen ...

Man kann sich in einer Dualseelenbeziehung eigentlich den Satz aus „Der kleine Prinz“ auf die Stirn tätowieren lassen: „Man sieht nur mit dem Herzen gut. Das Wesentliche bleibt für die Augen unsichtbar.“

Meistens ist das auch wirklich gut so, denn würde es nur nach den greifbaren, sichtbaren und ausgesprochenen Dingen gehen, würden Gefühlsklärer und Loslasser wohl niemals eine Chance darauf haben, eine glückliche Beziehung zu führen.

Während einer sehr langen Zeit ist es jedoch so, dass es eher belastend als erfreulich ist, dass man dem anderen nichts vorspielen kann. Wobei dies nicht ganz richtig ist, denn es scheint eher so, als ob es zwischen den beiden Teilen zwei Ebenen der Kommunikation geben würde: die, die mit allen Sinnen wahrgenommen werden kann, und die, auf der Gefühle, Ängste und Wahrheiten ausgetauscht werden. Und so kommt es häufig vor, dass weder Loslasser noch Gefühlsklärer wissen, warum sie eigentlich nicht das tun können, was sie eigentlich tun wollen.

Doch beginnen wir am Anfang und betrachten, was auf energetischer Ebene passiert. Sowohl Gefühlsklärer als auch Loslasser haben bei ihrer ersten Begegnung Angst. Angst vor Zurückweisung, Angst vor Verletzung, Angst von

Verlust. Beide haben ihre schlechten Erfahrungen gemacht, was Beziehungen angeht, und möchten auf jeden Fall vermeiden, dass so etwas noch einmal passiert. Also rennt der Loslasser los und sucht nach der wirklich wahren Liebe, weil er eben unverbesserlich an diese glaubt, während der Gefühlsklärer seine Gefühle verschließt und entscheidet, nie wieder ein Risiko einzugehen. Er sucht sein Heil in Beziehungen, die wenig Tiefgang haben und ihn emotional nicht belasten.

Diese beiden treffen nun aufeinander und die Seelen erkennen sich sofort: Dualseele, bedingungslose Liebe, unendliche Gefühle. Beide sind überwältigt, bis sich der Kopf einschaltet und sie daran erinnert, was sie aus ihrer Vergangenheit gelernt haben. Dem Loslasser flüstert der Kopf die ganze Zeit zu: „Das ist sie, die große Liebe. Du darfst sie nicht mehr verlieren. Tue alles, was notwendig ist, um diesen Menschen zu halten, sonst ist sie für immer verloren und du musst wieder Schmerz erleiden."

Doch der Kopf des Gefühlsklärers bedrängt ihn: „Da ist es, das Gefühl, das du nie wieder haben wolltest. Es ist gefährlich, es wird dich umbringen, weil du diesen Menschen bestimmt verlieren wirst, und dann stehst du wieder da. Verdränge das Gefühl einfach und höre nur noch auf mich. Gefühle sind total überbewertet."

Nun beginnt das Rennen: Der Gefühlsklärer rennt vor dem Loslasser davon, er spürt das gesamte Paket an Forderungen, die der Loslasser an ihn hat: Liebe, Partnerschaft, Ketten, Ketten, Ketten ... Der Loslasser gibt noch mehr, versucht noch besser zu sein, sich unersetzlich zu machen. Der Gefühlsklärer rennt schneller, der Loslasser gibt mehr ... Bis es irgendwann zum großen Showdown kommt. Nun ist es oftmals so, dass sich dieses Prozedere nur auf energetischer Ebene abspielt. Beide müssen dafür noch nicht einmal in einem engen Kontakt stehen. Vielleicht sind sie Kollegen, siezen sich und haben privat nichts miteinander zu tun. Aber beide leiden. Jedes Gespräch wird auf beiden Ebenen geführt.

Irgendwann hält es einer der beiden nicht mehr aus. Beide sind es gewohnt zu leiden und dementsprechend sehr leidensfähig. Aber wenn es zu extrem wird, bricht einer von beiden den Kontakt ab. Und da das nun so gar nicht die Art des Loslassers ist, ist es meist der Gefühlsklärer, der geht. Sein Kopf dominiert ihn und seine Gedanken sind ihm wichtiger als Gefühle. Und seine Pläne unabänderlich, zumindest für das Gefühl, das er wahrnimmt.

Wahrscheinlich ist es an diesem Punkt schon so, dass der Loslasser erkannt hat, dass manche Gefühle nicht aus ihm selbst heraus entstehen, die er fühlt. Ein plötzlicher Wutanfall ohne Grund, überwältigende Sehnsucht, sexuelles Verlangen, Kopfschmerzen, Bluthochdruck, Freude ... Alles das sind extreme Gefühle des Gefühlsklärers, die der Loslasser durchaus frühzeitig in der Beziehung fühlen kann. Bei manchen geht es sogar so weit, dass sie leichteste Verstimmungen trotz tausender Kilometer Distanz wahrnehmen.

Jetzt beginnt aber das wahre Dilemma des Loslasser: Er fühlt die Liebe des Gefühlsklärers, fühlt seine Sehnsucht, erlebt dessen verliebte Blicke und es geschieht ... NICHTS.

Der Loslasser versteht dies alles nicht, denn Liebe muss für ihn zwangsläufig dazu führen, dass man alles hinschmeißt, um mit dieser einen Person zusammen zu sein. Ergo kann der Gefühlsklärer ihn wohl nicht lieben. Oder es ist die schiefe Nase, der schräg stehende Zahn oder die falsche Haarfarbe. Der Loslasser versteht die Welt nicht mehr. Er fühlt den Gefühlsklärer und aus seinem Verständnis heraus ist die Beziehung alternativlos. Der Gefühlsklärer jedoch fühlt das Unverständnis des Loslassers, seine Selbstzweifel, seinen Hang zur Selbstaufgabe und seine Forderung nach einer Beziehung ... und rennt schneller. Er will einen Partner, der sich selbst respektiert und das tut, was für ihn selbst gut ist. Er lehnt die Verantwortung für das Wohlergehen des Loslassers ab. Und er will ihn, weil er ihn liebt, nicht verletzen.

Und so lassen sich eine Reihe von Ereignissen erklären, die für den Loslasser absolut unverständlich sind.

- Der Loslasser macht eine Andeutung nach der nächsten, sucht die Nähe des Gefühlsklärers und fühlt sich immer mehr abgelehnt, weil der Gefühlsklärer einfach aus Angst vor Verletzungen keine Beziehung eingehen kann.
- Der Loslasser versucht den Gefühlsklärer eifersüchtig zu machen, ihm zu zeigen, wie gut es ihm ohne ihn geht, doch der zieht sich noch mehr zurück, denn entweder er fühlt sich bestätigt, dass der Loslasser ihn nur verletzen würde, oder er fühlt unterbewusst, dass der

Loslasser nur ein Spiel spielt und sich nichts geändert hat.

❖ Der Loslasser erklärt seine Liebe, doch der Gefühlsklärer kann ihm nicht die seine offenbaren, weil er dem Loslasser nicht bieten kann, was dieser will.
❖ Der Gefühlsklärer kann nicht genug verdrängen und bietet dem Loslasser eine „Affäre“ an, die dieser als Chance sieht, doch noch an die Beziehung zu kommen, denn er glaubt ja immer noch, dass Liebe alternativlos ist.

Wie man es dreht und wendet, beide missverstehen sich und werden an diesem Punkt einfach nicht in eine dauerhafte Beziehung gehen können.

Meistens weiß der Loslasser nun schon, dass es sich um eine Dualseelenbeziehung handelt, und im Groben, was er zu tun hat. Wie ein Alkoholiker beschließt er, ab sofort „trocken“ zu sein und sich nur noch um sich selbst zu kümmern. Der Gefühlsklärer bekommt auf energetischer Ebene nun die Nachricht: „Achtung! Loslasser entfernt sich!“ Und man sollte meinen, dass das doch komplett in seinem Sinne sein sollte. Was es für seinen Kopf durchaus auch ist. Aber das „Gummiband“ ist nun extrem unter Spannung und der Loslasser der, der es noch weiter dehnt. Der Gefühlsklärer muss also in seine Richtung gehen. Manche preschen nun nach vorne wie eine Gummiflitsche, die gespannt und losgelassen wurde, andere nähern sich eher bedächtig. In jedem Fall nähert der Gefühlsklärer sich aber. Doch anstatt nun einfach auf dem eingeschlagenen Weg zu bleiben, verhält sich der Loslasser nun so, als ob man einem trockenen Alkoholiker ein Glas Vodka gegeben hätte: Er verfällt in alte Verhaltensmuster, freut sich über den Schritt des Gefühlsklärers und meint, die Stunde der glücklichen Beziehung sei nun gekommen. Weit gefehlt. Denn genau mit dieser Reaktion demonstriert er auf energetischer Ebene, dass der Gefühlsklärer zurück in seine Position gehen kann. Sichtbar ist für den Loslasser, dass der Gefühlsklärer nach vielleicht einer gemeinsamen wundervollen Nacht oder auch nur einer verbalen Annäherung wieder in den Rückzug geht. Ein Wort, das jeder Loslasser mit der Zeit zu fürchten lernt: Rückzug.

Das Spiel beginnt also erneut und irgendwann erkennt der Loslasser das System und vermeidet denselben Fehler. Oftmals vergehen hier nun Jahre ohne den Gefühlsklärer. Doch eine Dualseelenbeziehung bedeutet, dass beide an sich arbeiten. Das Päckchen des Gefühlsklärer sieht nun so aus:

Sein bisheriges Leben wird immer unstimmiger für ihn. Doch er will an seinen Plänen festhalten. Er verdrängt seine Unzufriedenheit, sein Unglück. Bis nichts mehr für ihn irgendwie passt. Er kann nicht mehr ignorieren, dass sein Leben auf Plänen aufbaut, die nicht stimmig für ihn sind. Er überlegt sich Alternativpläne, findet einen neuen Job, eine neue Herausforderung, vielleicht eine Affäre oder eine Droge. Was auch immer es ist, sein Zustand wird energetisch an den Loslasser übermittelt. Und der merkt, dass etwas anders ist. Dass die Lage sich zuspitzt und vielleicht sogar gefährlich werden könnte. Er ist zwar inzwischen weit gekommen, aber bei Weitem noch nicht in der kompletten Eigenliebe. Und bei den meisten Loslassern wirkt die Möglichkeit, „Retter“ des geliebten Menschen sein zu können, unwiderstehlich. Sie werden gebraucht, was gleichbedeutend mit der Sicherheit ist, dass der andere ihnen dankbar ist, sie weiterhin brauchen wird und folglich nie verlassen würde. Der Alkoholiker hat seinen Vodka bekommen.

Beide wissen auf energetischer Ebene sehr genau, wie weit der andere sich entwickelt hat. Sie kennen genau den Status Quo und man kann sich sicher sein, dass Rückfälle in alte Verhaltensmuster umso schmerzhafter sind, je weiter sich beide entwickelt haben. Die Höhe, aus der man fällt, wird einfach immer größer.

Aus diesem Hamsterrad gibt es nur einen Ausweg: Eigenliebe. In dem Moment, wo der Loslasser sagt: „Das ist bestimmt ein leckerer Vodka, der mir kurzzeitig sehr guttun würde. Aber ich wähle die dauerhafte Gesundheit“ und der Gefühlsklärer: „Ich bin mit meinen Plänen und Sicherheiten so tief gesunken, dass ich auch einfach ein neues Leben mit der großen Liebe wagen kann“, haben beide ihre tiefsten Tiefen durchlebt und können bei Null miteinander anfangen. Beide auf einer Ebene, auf der sie sich selbst lieben, respektieren und dadurch auch den anderen so sein lassen können, wie er ist.

Doch eins wird ein Leben lang so bleiben: Beide müssen sich vor dem Vodka in achtnehmen.

Für den Loslasser gilt folgende Regel:

- ❖ Je mehr er sich auf den Gefühlsklärer konzentriert, umso mehr wird dieser abgeschreckt. Je mehr er sich um sich selbst und seine Unabhängigkeit kümmert, umso mehr wird der Gefühlsklärer angezogen.

Diese für einen Loslasser absolut unverständliche Regel führt dazu, dass viele versuchen, so zu tun als ob. Doch die Energien sprechen immer die Wahrheit.

Eigentlich ist es das größte Glück und der größte Traum, den sich der Loslasser erfüllen darf, um das zu bekommen, was er will. Er darf er selbst sein und wird dafür geliebt, ohne etwas tun zu müssen. Doch selbst diese Erkenntnis dringt nur langsam ins Unterbewusstsein und wird vom „Basisprogramm" nur schleppend umgesetzt.

Wichtig zu wissen, ist nur:

- ❖ Wenn es sowieso unmöglich ist, dass Dualseelen NICHT zusammenfinden, und das Ziel ist, dass man als Loslasser nur das tut, was sich gut und stimmig anfühlt, und sich selber liebt, respektiert und wertschätzt, kann man auch gleich alle Konzentration auf sich selbst richten.
- ❖ Erst wenn man sich als Loslasser nicht mehr nach dem Gefühlsklärer sehnt und gelernt hat, die eigenen emotionalen Bedürfnisse selbst zu erfüllen, kann der Gefühlsklärer an den Punkt kommen, sich seine eigene Sehnsucht einzugestehen und ihr nachzugeben.

- Ziel ist es, den Gefühlsklärer nicht mehr zu „brauchen", ein glückliches Leben ohne ihn zu führen. Und das EHRLICH!

Um auf dieser energetischen Ebene irgendwie überleben zu können und eine Chance zu haben, ist es für den Loslasser meistens von enormer Bedeutung, den Gefühlsklärer nicht mehr so überdeutlich zu spüren. Denn die energetische Verbindung ist etwas, das den Loslasser eigentlich ständig über den Zustand des Gefühlsklärers auf dem Laufenden hält. Ein Verdrängen ist nahezu unmöglich, ein Leben ohne ihn trotz körperlicher Abwesenheit ein Wunschtraum. Das Ziel eines jeden Loslassers ist also früher oder später immer eins:

Das Trennen der Gefühlsübertragung

Der Loslasser ist der Teil des Paares, der damit „gestraft" zu sein scheint, besonders sensibel zu sein. Sensibel bedeutet hier, dass er den Gefühlsklärer fühlen, seine Gefühle wie die eigenen wahrnehmen kann. Anfangs scheint der Loslasser einfach nur unter besonderen Stimmungsschwankungen zu leiden, was ihn manchmal selbst erstaunt. Hat er eigentlich gute Laune, bekommt er von einem auf den anderen Moment aber die schlechteste Laune seines Lebens. Unbekannte Gefühle gehören plötzlich zu seinem Alltag und er fragt sich nicht nur einmal, was mit ihm los ist. Bis er eine Verbindung zum Gefühlsklärer herstellen kann.

Ist man vielleicht auch noch so begeistert, dass man nun ständig mit Informationen zur Gefühlswelt des Gefühlsklärers versorgt wird, stellt man sehr schnell fest, dass es immer mehr zur Belastung wird. Denn je weiter die Entwicklung voranschreitet, umso schlechter sind die Gefühle zu ertragen. Außerdem stellt es sich ja immer noch so dar, dass der Loslasser ein Gefühlsmensch ist, für den Gefühle zu Handlungen führen. Hat der Gefühlsklärer also einen Tag der Sehnsucht nach dem Loslasser, wird dieser das fühlen und seine eigene Sehnsucht ins Unermessliche steigern. Gleichzeitig, wenn der Loslasser sich über diesen

Vorgang im Klarem ist, wird er denken: *Ja, jetzt muss er kommen. Diese Sehnsucht kann man nicht aushalten!*

Doch weit gefehlt, denn der Gefühlsklärer ist ein Meister seines Fachs und wendet noch mehr Energie zur Verdrängung auf. Und diese Verdrängung kann für manche Loslasser noch schwerer zu ertragen sein als alles andere. Denn es gibt Gefühlsklärer, die „für die bessere Verdrängung" zum Alkoholiker werden. Oder von einem Sexpartner zum nächsten tingeln. Oder ständig Antidepressiva nehmen. Also sitzen besonders sensible Loslasser nun da und brauchen einen Schnaps, obwohl sie vorher nie Alkohol getrunken haben, fühlen das sexuelle Verlangen, obwohl sie selbst gar nicht der Typ für One Night Stands sind, oder sehnen sich nach der Wirkung einer Tablette und haben keine Ahnung, welche das sein könnte. Je sensibler der Loslasser, umso schwieriger ist es für ihn zu ertragen.

Die Frage, die immer wieder bei jedem Loslasser aufkommt, ist: „Wie kann ich diese schreckliche Verbindung endlich unterbrechen, um nicht mehr alles zu fühlen?" Und die Antwort ist sehr einfach: „Gar nicht!" Denn niemand ist in der Lage, sich einen Teil seiner Seele herauszureißen.

Aber es gibt eine ganz simple Lösung, um es nicht mehr intensiv zu fühlen und nur noch dann, wenn man es will: Eigenliebe!

Um zu verstehen, was das eine mit dem anderen zu tun hat, muss man wissen, dass die Gefühle des Gefühlsklärers nur „andocken" können, wenn eine Grundschwere beim Loslasser vorhanden ist. Auch energetisch können wir bestimmen, was wir wahrnehmen und wie viel Gewicht wir darauf legen. Ist der Loslasser also unterbewusst ständig beim Gefühlsklärer und spult sein Programm „Beziehung mit Dualseele“ ab, sind Tür und Tor für diese Art der Gefühlsübertragung geöffnet. Liegt die Konzentration auf der eigenen Person, werden diese geschlossen und nur auf Wunsch des Loslassers geöffnet. Befindet sich der Loslasser gar in der vollkommenen Eigenliebe, ist er also im inneren Gleichgewicht, die Schwere des Gefühlsklärers findet keine Andockstation mehr.

Viele Loslasser versuchen sich darin, die vom Gefühlsklärer übertragenen Gefühle für ihre Zwecke zu nutzen, finden jedoch schnell heraus, dass sie das auch keinen einzigen Schritt weiterbringt, denn Manipulation ist etwas, das maximal mit einem kurzfristigen Erfolg mit sofortigem Rückzug des Gefühlsklärers belohnt wird.

Es ist also sehr wichtig, dass man immer wieder bewusst zu sich selbst zurückkehrt, um dem Gefühlsklärer keine Entlastung durch Aufnahme seiner negativen Gefühle zu bieten. Das mag nicht sehr nett klingen, ist es aber. Denn im Prinzip erleichtert der Loslasser durch das Bereitstellen seiner Energie und der Entlastung dem Gefühlsklärer das Leben und beide können sich so unendlich weiter durchs Leben hangeln. Doch braucht auch der Gefühlsklärer seinen „Nullpunkt“, an dem er sein Leben komplett neu ordnet. Dafür muss er sehen, dass sein bisheriges System nicht funktioniert, und die Entscheidung treffen, neu anzufangen. Und das kann er nicht, solange der Loslasser immer bereitwillig seinen Mülleimer spielt.

Zudem helfen Visualisierungen, die ja schon in Band 1 ausführlich besprochen wurden. Jeder kann hier sein eigenes Bild entwickeln. Es sollte aber eine Art Leitung zwischen sich selbst und dem Gefühlsklärer beinhalten, die umgelegt wird und zurück zum Gefühlsklärer führt, während der Zugang auf Seiten des Loslassers geschlossen wird. Diese Art der Visualisierung in Kombination mit dem bewussten Lenken der Gedanken zurück auf die eigene Person bringt eine massive Erleichterung, die es dem Loslasser ermöglicht, wieder freier Atmen zu können.

Viele werden es so empfinden, als ob sie den Gefühlsklärer verlieren würden, denn zumindest war er allgegenwärtig mit seinen Gefühlen, doch genau das Gegenteil ist der Fall. Manche meinen auch, dass es besser sei, alles über den Gefühlsklärer zu wissen, um zu wissen, ob er bald kommt oder nicht, oder um unter Umständen etwas in ihrem eigenen Verhalten ändern zu können. Aber nichts davon ist hilfreich.

Zudem sollte man als Loslasser immer bedenken, dass alles, was vom Gefühlsklärer übermittelt wird, ohne einen entsprechenden „Resonanzboden“ nicht gefühlt werden kann. Das bedeutet, dass die Sehnsucht, die den Gefühlsklärer manchmal übermannt, nur vom Loslasser gefühlt werden kann, weil sie auch in ihm vorhanden ist. Bedient sich der Gefühlsklärer einer Sucht, um weiter verdrängen zu können, ist diese Sucht auch beim Loslasser vorhanden. Zwar nicht nach materiellen Dingen wie Drogen oder

Alkohol, denn das Körperliche ist typisch für den Gefühlsklärer, aber in Form von Emotionen.

Es geht also darum, durch das Fühlen eigener Emotionen wie Schmerz oder Bedürftigkeit das eigene Gleichgewicht zu erreichen. Das Hineinbegeben in eine Art Opferrolle spielt dem Loslasser zwar in die Karten, ist aber unproduktiv. Viele Loslasser, die einmal Depressionen oder Schmerzen des Gefühlsklärers gefühlt und als solche realisiert haben, gehen dazu über, sich selbst zu bedauern und alles auf die Gefühlslage des Gefühlsklärers zu schieben. Das ist einfach, bedient alte Systeme im Kopf und erübrigt das Arbeiten und Zulassen der eigenen Schmerzen. Folgende Aussage sollte also immer beherzigt werden:

❖ Werden Gefühle vom Gefühlsklärer empfangen, können diese nur beim Loslasser ankommen, wenn dort ein entsprechendes „Gegenstück“ vorhanden ist. Wird das bis in die Tiefe gefühlt und aufgelöst, kann ein „Andocken“ nicht mehr stattfinden.

Genauso wichtig wie das Verantwortlichmachen des Gefühlsklärers für alle negativen Empfindungen ist aber auch das folgende Thema:

Die Krux mit den Kartenlegern

Früher oder später landet jeder Loslasser bei einem Medium, Hellseher oder Kartenleger. Das ist nur natürlich und mit wachsendem Bewusstsein für energetische Vorgänge auch fast zwangsläufig so. Und wie bei einer Diät, wenn man sich einen „Cheat-Day" leistet, möchte man auch ab und zu hören, dass man schon viel geschafft hat und das Ende naht. Doch hilfreich ist es nicht. Warum?

Ich möchte mit einigen grundsätzlichen Erklärungen beginnen. Es gibt Kartenleger, die eine Technik erlernt haben und so aus ihren Bildern ihr Wissen ziehen. Dann wiederum gibt es solche, die intuitiv in einem Kartenbild alles erkennen und keine Technik benötigen. Es gibt Medien, die sich so in das Energiefeld einer Person begeben können, dass sie diese genau beschreiben können und wissen, was als Nächstes passieren wird. Und es gibt solche, die einen Kontakt zum Höheren Selbst oder anderen energetischen Mächten herstellen. Dann gibt es Hellseher, die auf Fragen hin Bilder erhalten, die Informationen liefern. Die Fraktion der Astrologen muss ich nicht weiter erklären. Die wenigsten sind in der Lage, die Informationen, die sie erhalten, nicht durch einen „Filter" laufen zu lassen. Weder Karten noch Bilder sind so aussagekräftig, dass sie nicht einer weiteren Interpretation bedürften. Vor allen Dingen hellfühlige Menschen müssen erst einmal Gefühle in Worte verpacken und die müssen dann vom Fragesteller genau so verstanden werden, wie sie gemeint sind. Das Komplizierte einer jeden Kommunikation.

Die eigenen Werte, Erfahrungen und Prägungen des Kartenlegers oder Hellsehers sind also von entscheidender Bedeutung. Kennt er etwas nicht, wird er auch nicht auf die Idee kommen, dass das Kartenbild genau das meinen könnte. Zudem ist es wichtig zu wissen, dass Kartenbilder und sogar die gesamte Zukunft veränderbar sind. Wir sind freie Menschen, die sich vor ihrer Inkarnation zwar ein Ziel gesetzt haben, doch führen bekanntermaßen viele Wege nach Rom. Ein Kartenbild kann heute so und morgen ganz anders aussehen, weil der Fragesteller plötzlich seine Richtung geändert hat.

Nun passiert es, dass der Loslasser, der gerade eine schmerzhafte Phase durchmacht, unbedingt etwas Positives hören möchte. Er ruft bei einem Kartenleger an, der ihm sagt, dass es dem Gefühlsklärer nicht gutgeht und er bald kommen wird. Anstatt dass der Loslasser nun seinen Weg unbeirrt weitergeht, verfällt er in alte Muster. Er hat es geschafft, muss nur noch ein wenig warten. Und schon sind alle Erfolge dahin. Denn einmal mehr WARTET er, anstatt sich ausschließlich um sich selbst zu kümmern. Wenn er jedoch hört, dass der Gefühlsklärer weit von ihm entfernt ist, wird er sich überlegen, was er noch tun muss, damit sich das ändert. Und auch so wird er seinen Weg ändern und wieder in sein System verfallen, das da heißt: Was kann ich tun, damit der Gefühlsklärer endlich kommt?

Kartenleger, Hellseher und Medien helfen dann, wenn man seinen eigenen Erfolg überprüfen will, den Überblick verloren hat und sich im Sinne der Eigenliebe neu ausrichten möchte. Doch auch der Loslasser, der mit diesem Wunsch an diese Berufsgruppe herantritt, wird wie ein trockener Alkoholiker reagieren, der gerade seinen Lieblingsvodka vor sich stehen sieht. Und so hat man am Ende viel Geld investiert, immer wieder Hoffnung geschöpft und zudem den Eindruck, nur an unfähige Kartenleger geraten zu sein, weil nie etwas eingetreten ist von dem, was gesagt wurde. Dabei liegt die Ursache hierfür nur im Loslasser selbst und nicht in der Unfähigkeit der Kartenleger begründet. Selbst die stärksten Persönlichkeiten reagieren so.

Man kann mithilfe eines spirituellen Beraters sicherlich bis zu einem gewissen Grad Fortschritte erzielen. Es kann sogar so weit kommen, dass eine kurzzeitige Beziehung möglich wird. Doch der Rückzug des Gefühlsklärers ist solange unvermeidbar, bis der Loslasser komplett in seiner Eigenliebe ist.

Im Grund ist es so, dass Berater wie Kartenleger und Hellseher durchaus von Vorteil sein können, wenn man bei sich selber „auf dem Schlauch steht“. Sie können helfen, Blockaden aufzudecken, Themen zu finden, die noch nicht verarbeitet sind und Wege aufzuzeigen. Doch der geübte Loslasser, der sich schon ein paar Jahre auf dem Weg befindet, wird aus jedem Beratungsgespräch auch seine Rückschlüsse auf den Gefühlsklärer ziehen können.

Und bekanntlich ist der kleinste Tropfen Alkohol für einen Alkoholiker tödlich.

Man kann sich sicherlich vormachen, dass man ja nur an sich selber arbeiten möchte, keine Änderung vornehmen wird, die den Gefühlsklärer scheinbar schneller in die Beziehung führt, und sich auf dem eigenen Weg nicht beirren lassen wird, aber die Wahrscheinlichkeit, dass das unterbewusste Programm wirklich nicht auf Informationen reagiert, sind äußerst gering.

Auch Dualseelenberater, die immer mehr im Internet in Erscheinung treten, sind nur insoweit sinnvoll, als dass sie im besten Fall aus Erfahrung heraus die Situation des Loslassers einschätzen und ihm entsprechende Ratschläge geben können. Sie helfen, dass der Loslasser den Gefühlsklärer besser versteht, was seinen Kopf beruhigen kann. Dennoch ist es meines Erachtens nach immer kontraproduktiv, den Gefühlsklärer in die weitere Entwicklung in irgendeiner Form mit einzubeziehen, sei es auch nur dadurch, dass man ihm durch die Wahl eines Dualseelencoachs Beachtung schenkt.

Ich möchte noch einmal betonen, dass gute Berater, welche Methode sie auch immer anwenden, wertvoll sind und durchaus ihre Berechtigung haben. Doch sind sie in einem Dualseelenprozess fast immer fehl am Platze. Wertvoller sind Coaches, die die Dualseele vollkommen außer Acht lassen und sich ausschließlich auf den Loslasser konzentrieren.

Genausowenig bringen magische Rituale. Eine Dualseelenbeziehung steht immer über diesen Energien und auch wenn es mit Sicherheit Menschen gibt, die mit Magie sehr erfolgreich sind, werden sie hier nicht helfen können. Denn geht man davon aus, dass eine Dualseele wirklich eine einzelne Seele in zwei Körpern ist, erklärt sich von selbst, dass jeder energetische Einfluss von außen nicht nur auf einen der beiden Beteiligten Einfluss haben kann.

Außerdem, und das ist fast das Wichtigste, ist es so, dass eine Beziehung von Loslasser und Gefühlsklärer immer zum Scheitern verurteilt ist, solange beide nicht vollkommen in der Eigenliebe stehen. Solange Erwartungen und Ängste zwischen beiden stehen, ist es lediglich eine Frage der Zeit, bis es wiederum zu einem schmerzhaften Rückzug kommt.

Und bedenke: Jeder winzige Gedanke, jede Form von Energie, die der Gefühlsklärer bekommt, wird von ihm zum Verdrängen genutzt. Das wird auch durch die folgende Erklärung deutlich.

Das fremde Wesen Gefühlsklärer

Hat man verstanden, wie Kopfmenschen gestrickt sind, stellen manche Reaktionen und Verhaltensweisen für den Loslasser endlich nicht mehr eine bewusste Verletzung dar, sondern können als das gesehen werden, was sie sind: die Reaktion eines Menschen, der einen anderen nicht verletzen möchte, der aber Angst vor Verletzungen hat und materielle Sicherheit ebenso wie die emotionale Sicherheit der Liebe vorzieht.

Doch es gibt noch einen weiteren Punkt, der in einer Dualseelenbeziehung wichtig ist zu verstehen, und zwar das Wesen eines Gefühlsklärers. Was will er, was geht in ihm unbewusst vor und wie sieht er den Loslasser?

Da der Gefühlsklärer „verkopft" ist, nimmt er die folgenden Abläufe bei sich selbst kaum wahr. Er wird sie bewusst als emotionale Überforderung, innere Abwehr oder Angst definieren und verdrängen. Doch würden sich Loslasser und Gefühlsklärer nur auf Seelenebene unterhalten und alle Schranken fallenlassen, würden sie es so oder so ähnlich beschreiben.

LL: „Ich liebe dich und will jede freie Minute mit dir zusammen sein!"

GK: „Ich liebe dich auch und will vor dir einfach nur weglaufen!"

LL: „Wenn du wegläufst, muss ich dich festhalten, denn ich habe Angst, dass du nie wieder zurückkommst."

GK: „Wenn du versuchst mich festzuhalten, muss ich noch weiter weglaufen, weil ich nicht mit den Gefühlen umgehen kann, die du bei mir auslöst."

LL: „Aber diese Gefühle sind doch toll."

GK: „Vielleicht, aber ich habe Angst davor, dass sie mich umbringen. Und ich habe nie gelernt, wie man damit umgeht. Ich bin total überfordert."

LL: „Aber ich brauche dich doch. Wenn du nicht bei mir bist und ich von dir keine Liebe bekomme, glaube ich, dass mein Leben vorbei ist."

GK: „Du muss mir zeigen, wie das geht. Allein komme ich da nicht raus."

LL: „Dafür musst du aber bei mir sein, dann kann ich dir zeigen, wie schön Liebe ist."

GK: „Wenn ich bei dir bin, zeigst du mir aber nicht, wie schön Liebe ist, sondern du zeigst mir deine Bedürftigkeit. Du lässt mich all die Erwartungen spüren, die du an mich hast. Und die kann ich nicht erfüllen."

LL: „Ich will doch nur mit dir zusammen sein."

GK: „Nein, du willst, dass ich dir die Liebe gebe, die du selbst nicht für dich empfindest. Und dass ich dir meine Liebe so zeige, wie DU sie verstehst. Ich darf nicht so sein, wie ich bin."

LL: „Ich kann mich so ändern, dass es für dich okay ist."

GK: „Genau das brauche ich gar nicht. Ich liebe dich, nicht eine Version, die du für mich aufbaust. Nur weißt du nicht, dass du liebenswert bist. Ich weiß es."

LL: „Aber dann kannst du doch zu mir kommen und mit mir glücklich sein.“

GK: „Solange du dich nicht liebst, kannst du auch mich nicht lieben.“

LL: „Das stimmt nicht, ich liebe dich doch.“

GK: „Du liebst die Liebe, die ich dir geben kann. Aber du kannst mich nicht lieben, solange du mich nicht so sein lassen kannst, wie ich bin.“

LL: „Hauptsache, du liebst mich.“

GK: „Wie willst du wissen, ob ich dich liebe?“

LL: „Wenn du bei mir bist und alles für mich aufgibst.“

GK: „Das sind deine Maßstäbe, nicht meine. Für mich ist es wichtiger, abgesichert und angesehen zu leben, als der Liebe zu folgen, die mir nur Angst macht. Und wenn, dann möchte ich so geliebt werden, wie ich bin. Und ich glaube nicht, dass das jemand kann.“

LL: „Wenn ich mich dann aber bedingungslos liebe und mich selbst auch, dann bin ich doch mit mir selbst auch glücklich. Und dann brauche ich dich nicht mehr, dann habe ich dich verloren. Das macht mir Angst.“

GK: „Genau das ist der Punkt: Wenn du dich selber lieben gelernt hast, brauchst du mich nicht mehr. Dann bist du eine Königin, der ich dienen kann. Und ich kann mich dann ohne Fesseln so entfalten, wie ich es für richtig halten.“

LL: „Nun gut, dann werde ich mich lieben lernen, damit du den Weg zu mir findest.“

GK: „Nein, denn wenn du den Weg nur findest, damit ich komme, wirst du es wieder nicht für dich tun. Und dann kann auch ich den Weg zu dir nicht finden. Du musst ihn mir zeigen, ich kann dir nur folgen."

LL: „Du meinst, wenn ich immer wieder den Erfolg meiner Arbeit an mir selbst an deinem Kommen messe, ist das ein Zeichen, dass ich den Weg noch nicht gefunden habe?"

GK: „Genau. Du gehst den Weg zu dir selbst zuerst und findest bedingungslose Liebe. Und wenn du mich dann noch willst, werde ich den Weg dann auch gehen und wir werden eine Beziehung leben können, wie wir sie uns nie vorstellen konnten."

LL: „Aber warum können wir den Weg nicht gemeinsam finden? Wenn wir uns nah sind, ist es doch viel einfacher."

GK: „Nähe ist mein Tod. Ich brauche Distanz."

LL: „Liebe ist doch Nähe!"

GK: „Dein ständiger Wunsch nach Nähe tötet jede Liebe und Lust in mir ab. Das ist schrecklich und grausam."

LL: „Aber wenn man liebt, will man doch in der Nähe des anderen sein, so ist das nun mal."

GK: „So ist das in deiner Welt, nicht in meiner. Und dein Wunsch nach Nähe basiert nicht auf Liebe, sondern auf deiner Bedürftigkeit. Du meinst, mich für die Erfüllung deiner Bedürfnisse zu brauchen. Nicht aus Liebe. Und ich verabscheue deine Bedürftigkeit, weil ich mich in den starken, unabhängigen Menschen verliebt habe."

LL: „Bei Dualseelen ist das nun einmal so. Jeder muss in eine Richtung gehen, die ihm nicht liegt."

GK: „Du und deine Dualseelen. Du benutzt diesen esoterischen Quatsch als Rechtfertigung für dein Leiden und deine Opferrolle. An allem ist dieser Dualseelen-Mist schuld."

LL: „Aber ich bin schon lange kein Opfer mehr!"

GK: „Und warum redest du dann die ganze Zeit von der Last, die Dualseelen zu tragen haben? Von dem schwierigen Weg? Von den Schmerzen, die man deshalb ertragen muss? Das ist eine OPFERROLLE! Und solange du dich als Opfer siehst, kann ich nicht zu dir kommen."

LL: „Erwartest du jetzt von mir, dass ich tanze und lache, weil du nicht bei mir bist?"

GK: „Ich erwarte gar nichts von dir, nur dass du mich nicht als Ausrede für jedes Leid in deinem Leben benutzt. Du hast diesen Weg genauso gewählt wie ich. Also lerne bedingungslose Liebe, lerne mich zu lieben, wie ich bin, mit meinem Wunsch nach Distanz. Begreife, dass ich nur zu dir kommen kann, wenn du mich nicht mehr brauchst und du dankbar bist für jede Erfahrung, die du machen darfst."

Der beste Weg führt immer durch die Mitte

Begreift man, wie verschieden Gefühlsklärer und Loslasser sind, versteht man auch, dass beide sich aus einem Extrem in einen Ausgleich begeben müssen, der dann die goldene Mitte darstellt, in der Kommunikation, Beziehung und Verständnis funktionieren können. Doch das ist kein Kompromiss, zu dem beide sich zwingen müssen, sondern eine Notwendigkeit, um das eigene Glück zu finden.

Zum besseren Verständnis hier eine kurze Erklärung, die das bücherfüllende Thema „Authentizität" nur kurz umreißt:

Jeder Mensch besteht aus Körper, Geist und Seele, die jeweils vollkommen andere Intentionen haben. Der Körper ist mit einem Überlebensinstinkt ausgestattet, der der Auftrag des Gehirns ist. Der Kopf sorgt dafür, dass der Körper funktioniert, und hat nur dieses eine Ziel: das Überleben.

Die Seele hingegen kommt aus der allumfassenden Liebe, sie kann auf unzählige Leben zurückgreifen und ist mit allem verbunden. Sie weiß von ihrer Unsterblichkeit.

Nun könnte man meinen, dass diese beiden so gar nicht zusammenpassen, und es ist tatsächlich erstaunlich, dass es sie an ein und denselben Menschen gebunden sind. Wird ein Mensch nun vom Kopf regiert, wird die Seele weitestgehend ignoriert und krankt, was sich in körperlichen Erkrankungen äußern kann. Wird der Kopf hingegen ignoriert, befindet sich der Körper in Gefahr. Beide müssen also lernen, wo die Aufgaben des einen enden und die des anderen anfangen.

Unter Glück verstehen viele Menschen eine Aneinanderreihung von vielen einzelnen Glücksmomenten. Man kauft sich einen neuen Fernseher und ist für den Moment glücklich. Solange, bis das Leben wieder weitermacht und man versteht, dass sich außer dem neuen Gerät im Wohnzimmer nichts geändert hat. Man besucht ein tolles Konzert und ist für ein paar Stunden im Rausch der tollen Musik und Stimmung, doch dann kommt der Alltag wieder.

Würde Glück aus solchen Momenten bestehen, könnte man zu Recht sagen, dass es unerreichbar ist und lediglich eine Momentaufnahme sein kann. Doch Glück kann auch ein Zustand sein, der von Dauer ist. Nämlich genau dann, wenn der Mensch authentisch ist. Und das ist der dann, wenn Körper, Geist und Seele in Einklang sind, wenn sie nicht gegeneinander kämpfen, kein Teil unterdrückt oder verdrängt wird und jeder Teil seine „Zuständigkeit" kennt. Nichts überwiegt, alles hat seine Berechtigung und seinen Anteil.

Für Loslasser und Gefühlsklärer bedeutet es also nun, in ein solches Gleichgewicht der Anteile zu kommen, um mit sich selber glücklich zu sein. Während der Loslasser glücklich darüber sein wird, dass der Gefühlsklärer nun augenscheinlich einen Weg in die Gefühlswelt finden muss, ist es weitaus wichtiger, dass er selbst seinen Weg in den Kopf findet. Das heißt nicht, dass fortan Gefühle ignoriert werden sollten. Es heißt, dass Wertigkeiten verschoben werden müssen und Gedanken und Überlegungen genutzt anstatt nur ignoriert werden.

Die meisten Loslasser müssen etwas lernen, was eine Selbstverständlichkeit sein sollte: Das Wertschätzen des eigenen Körpers und der eigenen Gedanken. Der Spruch „In einem gesunden Körper wohnt ein gesunder Geist" hat durchaus eine Berechtigung. Doch Loslasser ignorieren dies besonders in Zeiten des Verliebtseins gerne. Das, was der Gefühlsklärer zu viel hat, fehlt dem Loslasser: Sicherheitsdenken, Körperbewusstsein und Bewusstsein der eigenen Bedeutung.

Nicht jeder Loslasser ist gleich, doch seien hier ein paar Punkte aufgeführt, auf die Loslasser ihren Fokus richten sollten:

- Ernährung ist wichtig und der Energielieferant für den Körper. Tankt man ein Auto mit Wasser voll, wird es sich auch keinen Millimeter mehr bewegen.
- Ohne Bewegung und Sport fehlt dem Körper etwas. Hinzu kommt, dass der Körper bei Bewegung bestimmte Stoffe produziert, die zum Wohlbefinden beitragen.
- Schmerzen und Krankheiten sind nicht dafür da, dass sie mit Tabletten unterdrückt bzw. einfach ignoriert werden sollten. Sie sagen oftmals etwas über Blockaden und unterdrückte Gefühle aus.

- Gefühle haben meist eine Position im Körper, der nachgespürt werden sollte. Oft sagt diese Stelle etwas darüber aus, welchen Ursprung diese Gefühle haben und was zu tun ist.
- Eine liebevolle und wertschätzende Behandlung des eigenen Körpers sollte selbstverständlich sein.
- Die eigenen Gedanken sind wichtig und dem Kopf sollte nicht ständig gesagt werden, dass er kaum von Bedeutung ist, indem man beschließt, nicht anders zu können, als den eigenen Gefühlen zu folgen.
- Eine tägliche, mindestens jedoch wöchentliche Sitzung, in der man spielerisch Kopf und Gefühl an einen Verhandlungstisch bittet, kann sehr hilfreich sein, um auch einmal den Gedanken einen gewissen Stellenwert einzuräumen.
- Es ist generell wichtig, in allen Belangen die Meinung des Kopfes zu „erfragen" und sie als bedeutsam anzuerkennen.

Wie schon einmal erwähnt, spiegelt der Gefühlsklärer nur, was der Loslasser sich selbst geben kann. Und in diesem Fall bedeutet eine „Wertsteigerung" des Kopfes gleichzeitig, dass der Gefühlsklärer seinen Gefühlen mehr Raum geben muss.

Erreicht man eine Annäherung in den Wertigkeiten von Kopf und Gefühl, nähert man sich als Loslasser gleichzeitig der „Funktionsweise" des Gefühlsklärers, wird ihn besser verstehen und zudem eine Ebene schaffen, auf der Beziehung erst möglich sein kann.

Die Geschichte der Bettlerin und des Deserteurs

In einem Königreich fernab von dieser Welt lebte einmal eine Bettlerin. Nur in ihren Träumen schien es eine dunkle Erinnerung an eine Zeit zu geben, in der sie einmal etwas anderes als eine Bettlerin gewesen war. Überfluss, Anerkennung und Freude mussten irgendwann einmal normal für sie gewesen sein. Doch genau sagen konnte sie es nicht. Zu lang war dieses Leben schon vorbei. Seit sie denken konnte, hatte sie Hunger leiden müssen und auf der Straße gelebt, obwohl es in diesem Königreich alles im Überfluss gab. Die Menschen um sie herum waren nicht alle reich, doch sie lebten in Häusern und hatten zu essen. Die Bettlerin jedoch klopfte an viele Türen, um sich durchs Leben zu schlagen, und bekam hier und dort eine kleine Mahlzeit, sodass sie überleben konnte. Nachts schlief sie in Ställen oder dunklen Ecken und träumte von einem Ritter in einer glänzenden Rüstung, der ihr das Königreich zu Füßen legen würde

Eines Tages traf sie auf einen Mann in einer ramponierten Rüstung. Gezeichnet war er von seiner Flucht vor der Armee. Er verfügte über alles Wissen und Können, um ein erfolgreicher Ritter zu sein, doch seine Angst vor dem Sterben war zu groß gewesen und so war er weggerannt, ohne genau zu wissen wohin, und versteckte sich nun. Ein

Ritter wollte er nicht mehr sein und tagtäglich sein Leben für unwürdige Königinnen und Könige riskieren, die ihn am Ende opfern würden, um das zu bekommen, was sie wollten.

Als die Bettlerin den Deserteur traf, fühlte sie, dass sie endlich ihren Ritter gefunden hatte, der ebenfalls nur das Eine wollte: ein gerechtes Königreich, in dem alles im Überfluss vorhanden war. Er konnte ihr Tor zu dem Leben im Überfluss sein, das sie sich erträumt hatte. Sie war bereit, für ihn die Lumpen abzulegen und alles zu tun, was erforderlich war, damit sie mit ihm ihren Weg gehen konnte. Der Deserteur sah diese schöne Frau, die in allem so sehr der Königin ähnelte, für die er in den Tod gegangen wäre, fühlte, wie sich sein Kämpferherz regte, als er die Not der Bettlerin sah. Er wollte bei ihr bleiben und sicherstellen, dass sie nicht mehr Hunger leiden und auf der Straße leben musste, wollte mit ihr das Königreich erschaffen, das bisher nur in seinen Träumen existiert hatte. Und so schien es für einen Moment, als hätten beide genau das gefunden, was sie suchten.

Doch dann überkam die Angst den Deserteur erneut. Was würden die Menschen des Reichs von ihm denken, wenn er für eine Bettlerin kämpfte? Und würde er nicht auch bei ihr das Risiko eingehen, getötet zu werden? Er müsste sie verteidigen, sie beschützen und sich um sie kümmern! Wer garantierte ihm, dass nicht auch sie zur bösen Königin werden würde?

Die Bettlerin bemerkte, wie sich der Deserteur in seinem Verhalten ihr gegenüber veränderte. Mit aller Macht versuchte sie, nicht wieder allein auf den Straßen des Reichs zu sein. Wie sollte sie allein Nahrung finden, um nicht zu verhungern? Wie nur konnte sie irgendwann auf ein Dach über dem Kopf hoffen, wenn der Deserteur ging?

Irgendwann siegte die Angst des Deserteurs und er verließ die Bettlerin. Er zog weiter, weil er wusste, dass dies besser für ihn und die Bettlerin war, denn er konnte für sie nicht in den Kampf ziehen. Zusammen würden sie noch tiefer fallen.

Die Bettlerin litt, fühlte sich betrogen, versuchte alles, um den Deserteur zu finden. All ihre Kraft steckte sie in Versuche, den Deserteur wissen zu lassen, dass er nur bei ihr bleiben und für sie kämpfen müsse, um die Sicherheit zu bekommen, die er so dringend brauchte. Sie versuchte, ihm das Königreich zu zeigen, das sie beide zusammen aufbauen könnten.

Der Deserteur fühlte sich schlecht. All die Versuche der Bettlerin machten ihm zu schaffen. Doch er konnte es sich nicht leisten, wieder in ihre Nähe zu gehen. Zu gern hätte er ihr geglaubt, zu verlockend war es, einfach für sie in den Kampf zu ziehen und seinem Wunsch nachzugeben, sie zu beschützen. Er war sich sicher, im ersten Kampf gleich zu fallen, nicht fähig zu sein, diesen zu gewinnen.

Die Bettlerin gab sich nun keine Mühe mehr, sich selbst am Leben zu halten. Alle Träume hatte sie begraben. Allein konnte sie niemals Königin werden. Warum sollte sie weiterleben, wenn noch nicht einmal ein Deserteur sie als würdig empfand, für sie zu kämpfen. Sie verstand ihn, denn warum sollte irgendjemand für eine Frau in Lumpen, die zudem über keinerlei finanzielle Mittel verfügte, das Schwert ziehen. So etwas erlebten nur Königinnen. Und sie würde niemals wert sein, eine solche zu werden.

Sie verkroch sich in die Ecke eines heruntergekommenen Stalls und wartete auf ihren Tod.

Der Deserteur litt derweil unter seiner Unfähigkeit, für eine schutz- und mittellose Frau zu kämpfen, die zur gerechten Königin geboren war. Er rannte immer weiter fort, suchte das Vergessen in Alkohol und redete sich ein, dass er genau das Richtige getan hätte.

Einige Wochen später

Die Bettlerin hatte ihren Tiefpunkt erreicht. Sie wollte nicht weiterleben. Ohne den Ritter würde sie kein Königreich regieren können. Aus dem Abstand heraus hatte sie realisiert, dass ihr Ritter eigentlich nichts anderes war als ein Deserteur, dessen Rüstung bei Weitem nicht glänzte und der gar nicht bereit war, sich wie ein Ritter zu verhalten. Nachdem sie für einen Moment nichts als Verachtung für ihn empfunden hatte, wurde ihr klar, dass sie kaum besser war. Ein Ritter brauchte eine Königin, für die er das Königreich verteidigen konnte. Und auch ihre „Rüstung“ war arg mitgenommen, denn anstatt ein königliches Gewand zu tragen, hatte sie lediglich ihre Lumpen am Körper. Anstelle eines Königreichs bot sie einem Ritter nur Träume. Ihr wurde klar: War sie nicht in der Lage, allein ein Königreich zu regieren, würde da auch kein Ritter sein, der es verteidigen konnte. Sie hatte die Wahl: Sterben oder Königin sein.

Die Bettlerin wusste, es würde ein langer Weg werden, doch sie begann damit, ihn zu beschreiten. Sie suchte sich einen Bach, wusch sich und ihre Kleider und richtete ihr Haar. Sie ging zum königlichen Hof, um zu lernen, wie das Leben dort ablief, und arbeitete sich von der Magd hoch zur Zofe der Königin. Sie sah, was im Königreich gut lief und was nicht, wo es gerecht zuging und wo nicht. Und sie begriff, dass wahre Königinnen nicht durch andere gemacht werden, sondern innerlich schon lange Königinnen sind.

Jeder schätzte die ehemalige Bettlerin und bewunderte sie für ihre Gerechtigkeit und Weisheit. Und als die Königin starb und keine Erben hinterließ, wählte der Hofstaat deren Zofe – die Bettlerin – aus, die sich voller Überzeugung und in der Gewissheit, eine gerechte, dem Volk glückbringende Königin sein zu können, auf den Thron setzte.

Die Regentschaft der Königin wurde nicht angezweifelt, bedroht oder kritisiert. Sie war eine Königin, die die Herzen des Volkes und dessen Loyalität gewonnen hatte. Sie lebte in Fülle, sorgte aber auch dafür, dass in ihrem Königreich keine Bettler mehr existierten.

Und so hörte eines Tages der Deserteur von dieser wundervollen Königin. Er arbeitet inzwischen in einer Schmiede und stellte die Schwerter her, mit denen er eigentlich selbst hätte kämpfen sollen. Den Respekt vor sich selbst hatte er verloren, war unglücklich in einem Leben gefangen, das er nur führte, weil er vor dem, was er eigentlich tun wollte, zu große Angst hatte. Abends trank er, um zu vergessen, und ab und an, wenn der Wein nicht gereicht hatte, kamen die Gedanken an die Bettlerin hoch, die er tief in seinem Innersten immer noch für eine perfekte Königin hielt.

Als die Leute um ihn herum immer wieder von dieser neuen Königin im angrenzenden Königreich sprachen, regte sich etwas in ihm. Voll des Lobes waren alle, die sie getroffen hatten. In ihrem Königreich schien es nur glückliche Menschen zu geben und jeder lebte in Fülle. Er entschloss sich, das Königreich zu besuchen und es mit eigenen Augen zu sehen, ob dem so war. Hoffnung keimte in ihm auf, dass es vielleicht doch einen Weg geben könnte, als Ritter zu leben und etwas zu finden, für das es sich lohnen würde, in den Tod zu gehen. Und so packte er seine verbeulte Rüstung ein und machte sich auf den Weg. Ohne den Alkohol und die gewohnte Arbeit war sein Leben nun um einiges schwieriger geworden, denn nun musste er sich die eigene Feigheit eingestehen.

Zuerst überwand er seine Angst vor Entdeckung, denn als Deserteur drohte ihm Schlimmes, sollte man ihn erkennen. Er lagerte vor den Toren des Königreichs der Königin und sah sich das Treiben dort aus der Entfernung an. Oft wollte er wieder zurück in seine Schmiede rennen, doch hatte er erkannt, dass ihn Feigheit nicht glücklich gemacht hatte. Und bis zu diesem Punkt hatte er überlebt. Also wollte er in kleinen Schritten weitergehen.

Als er dann endlich das Königreich betrat, sah er weder Hunger noch Leid. Alle waren zufrieden, lebten in Freude und Glück und priesen die Königin in den höchsten Tönen. Die Königin, der man von dem Deserteur mit seiner ramponierten Rüstung berichtet hatte, hatte untersagt, ihn gefangen zu nehmen und für seine Taten zu bestrafen. Und so lebte der Deserteur einige Wochen unbehelligt unter den Bewohnern des Königreichs, bis er sich entschloss, zum Hofe der Königin zu gehen. Seine Angst vor den Folgen ignorierte er, zu sehr reizte ihn die Vorstellung, endlich in einem gerechten Königreich angekommen zu sein.

Nach einigen Tagen, in denen der Deserteur sich selbst für seine Angst gescholten hatte, fasste er einen Entschluss: Er wollte seine Berufung leben und wieder ein Ritter sein. Er hatte zwar immer noch Angst, doch nichts war schlimmer als ein Leben, das aus Alkohol, einer nicht gelebten Berufung und Verstecken bestand. Und so bat er um eine Audienz bei der Königin, von der er erhoffte, sie würde ihn wieder als Ritter aufnehmen.

Überrascht waren beide, als sie sich sahen. Sie erkannten sich, jedoch auch wiederum nicht, denn keiner war mehr wie damals, als sie sich zum ersten Mal getroffen hatten. Vor dem Deserteur stand eine wunderschöne Königin, die in Fülle lebte und diese Fülle teilte. Zweifel kamen kurz in ihm hoch, dass diese Königin keinen Ritter benötigen würde, doch er bot es ihr an.

Die Königin hingegen sah einen Ritter, der bereit war, alle seine Fähigkeiten in den Dienst des Königreichs zu stellen. Sie war sich bewusst, dass sie keine Armee brauchte, um ihren Thron zu verteidigen, doch sah sie die Möglichkeiten, die ihrer beiden Fähigkeiten zusammen dem Königreich boten. Jeder würde auf seine Weise dafür sorgen, dass es weiterwuchs und unangefochten existierte.

Und so nahmen beide im Reich ihre Position ein, arbeiteten am gemeinsamen Ziel eines gerechten und reichen Königreichs. Es gab Zeiten, in denen die Königin sich ihres Bettlerinnen-Daseins erinnerte und nach dem Ritter rief, um sich weiterhin seiner Treue zu versichern, doch besann sie sich immer schnell darauf, dass sie die Königin war und ihr Reich auch ohne ihn funktioniert hatte und es wieder tun könnte. Und es gab Zeiten, in denen der Ritter sich angstvoll fragte, ob er verrückt geworden und nicht doch besser Schmied geblieben wäre. Doch dann betrachtete er das Königreich und das Glück und seine Ängste verschwanden, wie sie gekommen waren.

Die Bettlerin

Die meisten Loslasser sind der Bettlerin sehr ähnlich: Sie fühlen sich ungeliebt, auch nicht wert, geliebt zu werden, sammeln jeden nur verfügbaren Krumen Liebe und leben ein Leben in der ständigen Unsicherheit, nie wieder genug davon zu bekommen. Sie leben an einer Armutsgrenze der Gefühle. Und das, obwohl sie Gefühlsmenschen sind!

Eigenliebe ist für viele etwas, das ihnen in der Kindheit bereits abtrainiert wurde. Ein Grund dafür, warum sie auch immer wieder „schlechte Erfahrungen" mit Beziehungen gemacht haben, denn ihnen wurden genau die Partner vorgesetzt, die ihnen ihr Selbstbild gespiegelt hat.

Genau wie die Bettlerin scheitern viele Loslasser immer wieder an der Aufgabe, sich selbst zu lieben. Und wenig hilfreich sind dabei auch die Aussagen vieler Coaches, von denen Sätze zu hören sind wie „Jeder Mensch hat Schwächen und Fehler, man ist trotzdem liebenswert", „Du musst dich einfach so lieben, wie du bist" oder „Jede Eigenschaft hat zwei Seiten, deine Fehler haben durchaus auch Vorteile." Es ist ein völlig falsches Vorgehen für einen Loslasser, dass er etwas tun muss, was er nicht tun kann, weil es bisher immer verurteilt wurde. Eigenliebe ist nicht abhängig von der Akzeptanz der eigenen Fehler oder dem Erkennen des Sinns eines Makels. Vielmehr ist Liebe ein nicht erlernbares und produzierbares Gefühl, das *trotz* all dieser Dinge existiert.

Gut zu erkennen ist dies an der Liebe zu einem Kind. Eltern sehen, dass ihr Kind nicht das hübscheste ist und vielleicht auch nicht das intelligenteste. Sie sehen alle Macken und begleiten ihr Kind auch noch auf den schwierigsten Wegen. Und das in Liebe. Liebe vergeht nicht und sie muss auch nicht erst kommen. Liebe ist schon lange da. Genau das zeigt der Dualseelenweg mehr als deutlich. Denn der Loslasser liebt seine Dualseele und hat diese Liebe auch sehr deutlich in all ihren Facetten gespürt und spürt sie wahrscheinlich durchgängig. Und er liebt den Gefühlsklärer *mit und trotz* all seiner unverständlichen Verhaltensweisen und der Verletzungen, die er dem Loslasser zufügt. Und der Gefühlsklärer ist ja nun der andere Teil dieser Seele.

Es ist so gesehen viel wahrscheinlicher, dass die Seele, die aus der allumfassenden Liebe kommt, diese Liebe immer noch fühlt und lediglich begrenzt wurde. Zahlreiche Werte, Prägungen, Erfahrungen und vor allen Dingen der Kopf haben eine Mauer um diese Liebe gebaut und lassen das Fühlen nicht zu. Nur der Gefühlsklärer war bisher in der Lage, diese Mauer für eine gewissen Zeit vollständig zu zerstören. Es liegt also nahe, einfach die eigene Liebe zu sich selbst wiederzuentdecken, anstatt sie künstlich für etwas aufzubauen, das das komplette bisherige Leben verurteilt und unterdrückt werden musste.

Um zurück auf die Bettlerin zu kommen: Wie sie muss der Loslasser sich einfach trauen und entschließen, den Weg in die eigene Macht und die eigene Liebe zu gehen. Er muss es wagen, das, was schon immer unter der Armut an Gefühlen verborgen lag, einfach hervorzuholen und die Position sich selbst gegenüber einzunehmen, die für ihn vorgesehen ist. Er verfügt über eine nie enden wollende Quelle der Liebe, aus der er ohne Begrenzung geben kann, sobald er seine Macht erkannt hat und die Herrschaft über diese Quelle in ihm angetreten hat.

Und genau diese Herrschaft ist das, was nicht nur den Loslasser glücklich und unabhängig von der Liebe anderer macht, sondern auch den Gefühlsklärer magnetisch anzieht und ihn dazu bringt, sein Leben auf den Kopf zu stellen und seine Sicherheitszone zu verlassen. Wie der Deserteur in der Geschichte wird der Gefühlsklärer kaum eine andere Wahl haben, als der bedingungslosen Liebe zu folgen und das Risiko einzugehen, den für ihn bestimmten Weg, der ihn zum eigenen Glück führt, zu gehen. Er wird sich trauen, seine Sicherheitszone zu verlassen und genau so, wie er ist, darauf vertrauen, mit seinen Fehlern und Schwächen angenommen und geliebt zu werden.

Es ist wichtig zu verstehen, dass nichts künstlich erschaffen werden muss. Alles, was erreicht werden muss, ist dem Grunde nach schon lange da, nur liegt es verborgen unter vielen Mauern, die mit der Zeit aufgebaut wurden.

Der Loslasser sagt sich gerne, dass er ja der Teil des Dualseelenprozesse ist, der schon lange bereit für eine Beziehung ist, der zu seiner Liebe offen steht und alles gibt, was er zu geben hat. Doch das ist leider nur ein Teil der Wahrheit. Viele Loslasser sind alles andere als bereit, das Risiko einer Beziehung einzugehen, auch wenn das Schutzprogramm im Unterbewusstsein abläuft. Sie haben zwar ihre Gefühle erkannt, träumen von einer Beziehung mit dem Gefühlsklärer, haben aber unterbewusst so viel Angst davor, dass dies Realität werden könnte, dass sie sich selbst blockieren. Ist jedoch diese Schutzmauer um die bereits existierende Liebe abgetragen, wird dieses Programm nicht mehr benötigt und einer Beziehung mit dem Gefühlsklärer steht nichts mehr im Weg.

Und wenn dann mal ein anderer kommt …

Die meisten Loslasser kommen früher oder später an den Punkt, dass sie die Nase voll davon haben, auf den Gefühlsklärer zu warten. Was gut ist und auch der Sinn der Entwicklung sein sollte. Denn wenn man sich selbst als wertvoll erachtet und erkannt hat, dass Glück unabhängig von anderen Menschen funktioniert, kann man den Gefühlsklärer ohne Erwartungen lieben. Und stellt fest, dass Liebe auch an mehr als einem Menschen verteilt werden kann. Dies bedeutet nicht, dass man den Gefühlsklärer nicht mehr liebt. Doch nur die wenigsten Menschen mögen das Alleinsein. Und hat man sich als Loslasser weit genug entwickelt, werden Menschen auftauchen, die durchaus einen gewissen Reiz haben.

Anfangs fühlt sich ein Loslasser immer komisch, wenn sich das erste Mal seit langer Zeit ein Kribbeln bei einem anderen Menschen als dem Gefühlsklärer entwickelt. Es kommt schnell der Gedanke auf, den Gefühlsklärer zu betrügen, ihn vielleicht nicht mehr zu lieben. Und damit auch wiederum die Panik, diese einzigartige Liebe zu verlieren, die man für die Dualseele empfindet. Doch ist das der Punkt, an dem der Loslasser eine grundlegende Entscheidung treffen muss: weiter warten oder „nur" verliebt mit einem anderen Menschen eine Beziehung eingehen.

Viele Gedanken kommen in solchen Momenten in einem Loslasser hoch. Und sie haben alle durchaus ihre Berechtigung. Denn es ist nicht nur so, dass es keine zweite Dualseelenliebe in einer Inkarnation geben kann (wie das Wort „Dual“ = zwei schon sagt), sondern auch so, dass die Wahrscheinlichkeit hoch ist, dass der Gefühlsklärer, sollte er tatsächlich in diesem Moment dem Wunsch nach einer Beziehung mit dem Loslasser folgen, durch einen Konkurrenten auf Nimmerwiedersehen vertrieben werden würde. Es scheint also auf den ersten Blick wieder einmal eine Situation zu sein, in der sich „die Katze in den Schwanz beißt“. Bezieht der Loslasser diese Überlegungen mit in seine Entscheidung ein, ist er noch nicht frei genug und wieder zu sehr bei den Bedürfnissen des Gefühlsklärers anstatt bei seinen eigenen. Ist er aber frei genug davon, könnte es sein, dass er die Chance auf eine Dualseelenbeziehung verliert.

Zudem tauchen natürlich auch Fragen auf, bei denen es um den potenziellen anderen Partner geht. Denn der Loslasser fragt sich zu recht, ob es überhaupt fair sein kann, mit einem anderen Menschen eine Beziehung einzugehen, wenn er doch für den Gefühlsklärer diese einzigartige Liebe empfindet. Und er fragt sich ebenso, ob eine Beziehung überhaupt eine Chance haben kann, denn die Wahrscheinlichkeit, dass der Gefühlsklärer irgendwann, besonders dann, wenn der Loslasser glücklich ist, auftauchen wird.

Es gibt für dieses Problem keine allgemeingültige Lösung, jedoch durchaus ein paar Überlegungen, die jeder Loslasser anstellen sollte:

- ❖ Finde ich den neuen Menschen in meinem Leben attraktiv und bin ich in ihn verliebt? Oder ist es nur eine Flucht aus dem Alleinsein und ein Ersatz für den Gefühlsklärer?
- ❖ Habe ich verstanden, dass die Liebe zum Gefühlsklärer weiterhin existiert und kann sie ohne Erwartungen als wertvoll empfinden? Oder werde ich mich auch in einer Beziehung mit einem anderen Partner konstant nach dem Gefühlsklärer sehnen?
- ❖ Bin ich bereit, alles, was erforderlich ist, in eine Beziehung mit einem anderen Menschen als dem Gefühlsklärer zu investieren? Oder ist sie von vornherein zum Scheitern verurteilt?
- ❖ Bin ich in der Lage, mit einer „normalen" Liebe zufrieden und glücklich zu sein? Oder wäre sie immer nur ein „billiger Ersatz", bei dem ich den Wunsch hätte, ihn gegen eine Dualseelenliebe einzutauschen?

Beziehungen mit anderen Menschen als dem Gefühlsklärer können durchaus erfolgreich sein und ein Entwicklungspunkt, der wichtig und richtig ist. Sie sind weder ein Verrat an der Dualseelenliebe noch sind sie generell zum Scheitern verurteilt.

Wie schon erwähnt, ist eine Beziehung zwischen Dualseelen kein glückseliger Zustand, sondern immer wieder eine Herausforderung. Und so ist es vollkommen legitim, wenn sich der Loslasser nun an diesem Punkt seiner Entwicklung entscheidet, einen „einfacheren" Weg zu wählen.

Ein weiteres Argument ist, dass trotz des Dualseelendaseins der Gefühlsklärer immer noch eine eigenständige Inkarnation ist, die sich durchaus entscheiden kann, sich nicht weiterzuentwickeln. Oder die für den letzten, entscheidenden Schritt bis zum 80. Geburtstag braucht. Der Loslasser, der eigentlich ein Beziehungsmensch ist, geht also das Risiko ein, sein Leben lang alleine zu sein.

Außerdem sollte sich der Loslasser überlegen, ob es vielleicht Lernaufgaben zu erledigen gibt, die nur in einer Beziehung zum Vorschein kommen können.

Und last but not least müssen Beziehungen, um positiv und erkenntnisreich zu sein, nicht unendlich dauern. Der Traum vom „bis dass der Tod uns scheidet" ist verständlich und für viele Menschen auch erstrebenswert, aber auch Beziehungen, die nur von kurzer Dauer sind, können für beide Partner durchaus gut enden.

Die Entscheidung, die ein Loslasser hier treffen muss, ist sehr individuell. Auch Loslasser sind sehr unterschiedlich und in ihrer Entwicklung in der Dualseelenbeziehung einzigartig. Fakt ist jedoch, dass die meisten Loslasser vor dieser Entscheidung stehen, wenn sie in ihrer Entwicklung ein gewisses Maß an Eigenliebe erreicht haben, sich ihres eigenen Wertes bewusst geworden sind und der Dualseelenweg schon einige Jahre gegangen worden ist. Natürlich ist es möglich zu sagen, dass man als Loslasser die Wahl trifft, nur die Dualseelenbeziehung zu leben und „darunter“ nichts zu akzeptieren. Das ist vollkommen legitim und auch – wenn es ehrlich gemeint und nicht nur ein Vorwand ist, weiter zu warten – eine berechtigte Entscheidung. Genauso ist es jedoch die, den Gefühlsklärer weiterhin zu lieben, aber eben auch einen anderen Menschen, mit dem man an einer erfüllten Partnerschaft arbeiten möchte.

Die Wahrscheinlichkeit, dass der Gefühlsklärer in dieser Situation auf dem Plan gerufen wird, ist hoch. Und so kann man davon ausgehen, dass die Entscheidung nicht leicht und vor allen Dingen ein Test sein wird, wie weit der Loslasser sich wirklich entwickelt hat und als wie wertvoll er sich nun erachtet.

Manche Loslasser werden feststellen, dass sie sich plötzlich mit zwei potenziellen Partnern konfrontiert sehen und die Wahl zwischen dem Gefühlsklärer und einem perfekt passenden anderen Menschen treffen müssen. Das erklärt sich darin, dass sich das innere Bild, das der Loslasser nun von sich hat, im Außen spiegelt und alte Prägungen verändert wurden.

Bei der nun zu treffenden Entscheidung gibt es weder ein Richtig noch ein Falsch. Es gibt lediglich zwei unterschiedliche Wege, die genau betrachtet und gewählt werden sollten.

Wichtig ist jedoch bei jeder Entscheidung:

- ❖ Sei ehrlich zu dir selber. Nichts ist in Stein gemeißelt und unveränderlich. Was nicht geht, geht nicht. Genauso sollte aber auch Glücklichsein nicht eingeschränkt werden aus Angst, damit die Dualseelenliebe „wertloser" zu machen.
- ❖ Wende alles an, was du bisher auf deinem Weg gelernt hast: Werte, Prinzipien, Eigenliebe und Authentizität.
- ❖ Sei ehrlich deinem Partner gegenüber. Kein Mensch, der dich liebt, wird übersehen können, was zwischen dir und dem Gefühlsklärer existiert, wenn dieser einmal unerwartet auftauchen sollte.
- ❖ Denke in Liebe und Wertschätzung an den Gefühlsklärer.
- ❖ Sei offen für jede Entwicklung.
- ❖ Wenn du dich gegen einen anderen Partner entschieden hast: Gehe deinen Weg ohne Opferdenken und Warten weiter.
- ❖ Sieh jeden Weg als Erfahrung an, die wertvoll ist und gemacht werden darf. Du kannst nicht falsch entscheiden, nur falsch im Sinne deiner gewünschten Erfahrungen.

Wie schon erwähnt, gibt es hier keine allgemeingültige Lösung. Während das Ziel des Weges eines Loslassers sehr klar definiert und bei vielen Entscheidungen eine Richtung empfohlen werden kann, ist es bei Beziehungen mit anderen Personen als dem Gefühlsklärer sehr individuell.

Sicher ist jedoch, dass diese Entscheidung wohlbedacht werden muss, denn der Loslasser tendiert schnell dazu, sich in etwas zu verrennen, wenn er dafür Liebe erhält. Schnell wird auch an einem bestimmten Punkt der Entwicklung der Gefühlsklärer als verachtenswert, schwach oder sogar verabscheuungswürdig angesehen, was keinesfalls den echten Gefühlen des Loslassers entspricht. Kommt in einer solchen Phase der „Richtige“ um die Ecke und offeriert Liebe, kann dies schnell zu einer übereilten und wenig sinnvollen Entscheidung führen, die lediglich Schmerz bei allen Beteiligten hinterlässt. Deshalb kann der einzige Rat bei einer solchen Entscheidung nur sein, ganz tief in sich zu gehen und sich mit der Entscheidung Zeit zu lassen. Bedenke: Der Gefühlsklärer ist immer ein Spiegel!

Das versprochene Happy End

Die Frage nach dem Happy End ist wohl die am meisten diskutierte, wenn es um Dualseelenbeziehungen geht. Ist es wirklich so, dass Dualseelen irgendwann zusammenfinden müssen? Hat überhaupt jede Dualseelenbeziehung den Sinn, dass eine gelebte Beziehung geführt wird? Oder kann es auch einfach so sein, dass die Dualseele nur ins Leben des Loslassers gekommen ist, um als Spiegel zu fungieren? Und umgekehrt natürlich genauso.

Nun, es gibt einige Paare, die nach jahrelanger Entwicklung die Dualseelenliebe in einer Beziehung leben. Und es ist überaus spannend, sich mit ihnen zu unterhalten oder ihre Berichte zu hören. Denn alle stimmen vollkommen in dem überein, was Loslasser schon wissen: Eigenliebe ist für beide Teile der Weg ins eigene Glück, aus dem heraus dann eine glückliche Beziehung entstehen kann. Auch stimmen alle Berichte darin überein, dass sie beschreiben, wie zwei sehr verschiedene Menschen eine vollkommen neue Art von Beziehung leben. Dennoch sind sich auch alle einig darüber, dass an dem Punkt, an dem sie als Dualseelen zusammengekommen sind, durchaus auch eine andere Beziehung möglich gewesen wäre und dass sie den anderen in Liebe haben gehen lassen können.

Es scheint also so, als wäre der Weg das Ziel. Und nicht die Beziehung.

Trotzdem gibt es Aspekte, die nicht zu unterschätzen sind, denn der einzige Weg, der allumfassenden Liebe in einer Inkarnation möglichst nahe zu kommen, ist die Vereinigung mit einer Person auf allen Ebenen, nämlich Körper, Geist und Seele. Man sollte also meinen, dass das Ziel einer Dualseelenbeziehung genau das sein muss.

Abschließend wird man diese Frage wohl nicht beantworten können und es ist auch wenig relevant. Denn könnte man diese Frage eindeutig mit einem Ja beantworten, wäre der Effekt auf den Loslasser wie der, den man beim Kartenlegen erzielt: Er würde sich immer wieder daran erinnern und würde diese Antwort wie den vielbesprochenen Vodka benutzen.

Ich habe in den Jahren, die ich mich mit Dualseelen beschäftige, alle Formen erlebt. Es gab Menschen, die am Dualseelenprozess kläglich gescheitert sind und ihn nicht mehr ertragen haben. Und es gab solche, die immer wieder neue Kraft gefunden haben, um den Weg weiterzugehen. Es gibt solche, die nicht aufgeben und sich entschieden haben, lieber ihr Leben lang alleine zu bleiben, als eine andere als die Dualseelenliebe zu leben. Und es gibt die, die glücklich in anderen Beziehungen leben und den Dualseelenpartner so gut es geht aus ihrem Leben verbannt haben. Manche gehen so weit, sich regelmäßig über die Dualseele zu informieren, um bloß einem Treffen aus dem Weg gehen zu können. Es gibt glückliche Loslasser in anderen Beziehungen und es gibt die, die sich vormachen, glücklich zu sein. Und dann gibt es die Dualseelenbeziehungen, die es geschafft haben und als Paar eine unbeschreibliche Liebe ausstrahlen. Aber es gibt auch die, die jeden Tag in der Beziehung um ihre Liebe kämpfen.

Es ist nicht unbedingt leicht, mit seinem perfekten Spiegel in einer Beziehung zu leben. Darin sind sich alle einig. Doch ob es das Ziel einer Inkarnation von Dualseelen ist, eine solche Beziehung zu erreichen, ist fraglich.

Was außerdem hilfreich sein kann

Ist der Loslasser an einem Punkt, an dem er versteht, dass keines seiner bisherigen Systeme hilft, dass er nichts tun kann, um das zu erreichen, was er erreichen möchte, und er anfängt zu verinnerlichen, dass die einzig wirksame Lösung seiner Misere ist, sich selbst glücklich zu machen, kann es eigentlich nur bergauf gehen. Es beginnt ein Spiel, bei dem der Kopf immer mehr an Bedeutung gewinnt und in einen Ausgleich mit dem Bauch geht. Dabei hilfreich sein können verschiedenste Dinge.

Hier nun eine Auflistung von kleinen und großen Hilfsmitteln, die den Kopf bedienen und für Loslasser einen Schritt vorwärts bedeuten können:

- An erster Stelle möchte ich hier das Buch von Dr. Marianne Skarics „Enneagramm und Hochsensibilität" nennen, das nicht nur für Dualseelen ein Meilenstein in der Entwicklung der eigenen Persönlichkeit sein kann. Es erklärt, warum Menschen so sind, wie sie sind, und deckt Motive, Ängste, Grundbedürfnisse und Abwehrmechanismen auf und stellt gleichzeitig Entwicklungsmöglichkeiten dar. Damit ist es auch für in der Eigenentwicklung geübte Loslasser ein wunderbares Mittel, noch weiter in die Tiefen der eigenen Persönlichkeit vorzudringen, alte Prägungen aufzudecken und an ihnen zu arbeiten. Zeitgleich bietet es aber ebenso die Möglichkeit, den Gefühlsklärer besser zu verstehen und zu fassen, was der Motor anderer Typen ist. Das Potenzial dieses Buchs ist schier endlos und gerade für Dualseelen, die ihren Spiegel besser verstehen möchten, um ihn bestmöglich zu nutzen, ein absolutes Muss.

- Das Buch von Vera Birkenbihl „Kommunikationstraining: Zwischenmenschliche Beziehungen erfolgreich gestalten" ist nicht nur eine Hilfe in der Dualseelenbeziehung, um als Loslasser mit einem Kopfmenschen erfolgreich kommunizieren zu können, es ist auch eine Hilfe im Alltag. Bei Loslassern und somit Gefühlsmenschen spielt sich Kommunikation oftmals überwiegend auf der Beziehungsebene ab, was durchaus zu einigen Problemen führen kann. Das Verständnis dafür, dass Kommunikation auf mehreren Ebenen abläuft und welche Faktoren bei der Kommunikation eine Rolle spielen, eröffnet dem Loslasser vollkommen neue Möglichkeiten und Perspektiven
- Ein wertvolles Hilfsmittel ist das Buch von Frederick Dodson „Increase your Energy – Mehr Gesundheit, Erfolg und Glück". Dodson nähert sich Problemlösungen auf der Sachebene, spricht mit seinen Methoden sehr den Kopf an und schafft es so, für Loslasser Wege über den Kopf zu finden, die in ihrer Umsetzung einfach wie wirkungsvoll sind. Es ist ein Buch, in dem Methoden vorgestellt werden, die auf dem vorwiegend esoterischen Markt, der sich mit der Dualseelenthematik ernsthaft befasst, rar sind. Außerdem fördert Dodson

mit seinen Methoden einen Weg, den Loslasser deutlich zu selten einschlagen: Der Weg über den Kopf.

- Ein Buch, das viel über die Hintergründe von Inkarnation und Lebensaufgaben erklärt, ist das Buch von Robert Schwartz „Jede Seele plant ihren Weg". Es hilft Loslassern, mehr Verständnis für die eigene Situation aufzubringen, sich nicht als Opfer, sondern Planer des eigenen Schicksals zu sehen und im Idealfall sogar die eigene Lebensaufgabe zu erkennen. Dabei wird auch deutlich, wie perfekt jedes winzige Detail im Leben zum eingeschlagenen Weg passt. Dieses Buch kann eine großartige Hilfestellung für diejenigen sein, die mit ihrem Schicksal hadern und es nicht schaffen, in die eigene Schöpferkraft zu gehen.
- Veit Lindau hat mit seinem Buch „Königin und Samurai" ein spannendes Thema verarbeitet, das auch für Loslasser und Gefühlsklärer überaus wichtig ist. Auch wenn Lindau in seinem Buch Dualseelenbeziehungen nicht explizit benennt, werden sich viele Dualseelen hier wiedererkennen.

Es gibt sicherlich noch viele interessante Bücher und Hilfsmittel. Nichts ersetzt jedoch den eigenen Willen und die Disziplin, sich selbst an erste Stelle zu setzen und das zu tun, was notwendig ist, um in die Eigenliebe zu kommen.

Häufig gestellte Fragen

Einige Fragen sind in den letzten Jahren immer wieder aufgetaucht. Die Antworten darauf können durchaus hilfreich sein und es ermöglichen, ein System zu erkennen, das auf alle anderen Fragen übertragen werden kann. Darum hier eine kleine Auswahl:

- *Wie kann mein GK mir nur ständig wehtun, wenn er mich doch angeblich liebt?* Um diese Frage beantworten zu können, muss man sich klarmachen, was Schmerz in diesem Falle ist, nämlich eine enttäuschte Erwartung. Da der GK keiner Ahnung hat, das der LL vollkommen anders tickt als er selbst, ist er sich auch nicht über die an ihn gestellten Erwartungen bewusst und der festen Überzeugung, für sein Handeln einen Orden zu verdienen. Zudem ist es eine Pflicht des LL sich selbst gegenüber, keine Erwartungen mehr an andere Menschen zu haben. Der GK tut also nur seine Pflicht als Spiegel, wenn er den LL auf diese hinweist.
- *Wie kann der GK nur mit einer anderen Person eine Beziehung eingehen / Sex haben?* Es ist sehr wichtig für den LL zu verstehen, dass der GK in den meisten Fällen Sexualität (noch) nicht mit Liebe in Verbindung bringt. Er tickt hier vollkommen anders als der LL. Während für einen Gefühlsmenschen Liebe und Sexualität miteinander verbunden sind, ist Sex für den GK ein kör-

perlicher Akt, der vollkommen ohne tiefere Bedeutung sein kann. Je weiter der GK in seiner Entwicklung Gefühle zulässt und deren Stellenwert bei ihm steigt, umso mehr verbindet er Liebe und Sexualität auch miteinander.

- *Ich würde so gerne einmal meinem GK sagen, was ich von ihm halte, aber dann geht er wieder sofort in den Rückzug und ich schneide mir ins eigene Fleisch damit.* Falsch, denn das ist genau das Verhalten, was LL gelernt haben: sich den Erwartungen ihrer Umwelt für Liebe anzupassen. Natürlich soll alles in Liebe, Wertschätzung und Respekt geschehen, aber die Bedürfnisse des LL stehen nicht unter denen des GK. Auf etwas zu verzichten, etwas nicht zu tun oder sich anders zu verhalten, als man es wünscht, wird den GK keinesfalls schneller dazu bringen, mit dem LL eine Beziehung einzugehen, denn die Grundaussage des LL, die auf energetischer Ebene dadurch übermittelt wird, ist klar: Ich bin bedürftig und ändere mich so, wie du es brauchst. Ich selbst zähle dabei nicht. Auf den ersten Blick mag das eintreten, was der LL befürchtet: Der GK zieht sich zurück. Doch anders als bei anderen Menschen wird er nach einem Akt der Selbstwertschätzung des LL zu diesem zurückkehren und von ihm angezogen werden.
- *Mein GK sagt, dass sich bald alles ändern wird und wir dann unsere Beziehung offen leben werden. Ich weiß nicht, ob ich das bis dahin noch aushalten.* Dies ist die typische Falle, in die die meisten LL irgendwann tap-

pen. Gerade nach einer beschwerlichen Zeit mit der Arbeit an sich selbst hoffen sie, dass es nun genug ist und sie endlich mit einer Beziehung zum GK belohnt werden. Dieser taucht auch brav auf und beide verleben eine wundervolle Zeit miteinander, doch ganz kann diese Beziehung aus irgendwelchen Gründen nicht gelebt werden. Der LL wartet anfangs noch in der Überzeugung, dass ja nun alles anders ist als zuvor, doch in Wirklichkeit bewahrt sich der GK seinen Sicherheitsabstand und zögert den wirklichen Neuanfang nur hinaus. Natürlich ist es möglich, als LL diese Zeit zu genießen, jedoch endet es meist in einer schmerzhaften Desillusionierung und einem sehr tiefen Tief. Empfehlenswert ist es, erst in eine Beziehung mit dem GK zu treten, wenn der auch die Voraussetzungen für eine offen gelebte Beziehung geschaffen hat und somit ein deutliches Zeichen gesetzt hat, dass er nun bereit ist.

❖ *Ich habe alles getan, was ich nur tun konnte, aber der GK ist immer noch nicht da. Was muss ich denn noch machen?* Wenn sich ein LL diese Frage stellt, ist es ein deutliches Zeichen dafür, dass er noch bei Weitem nicht am Ziel angekommen ist, denn sein Tun und Handeln ist immer noch auf die Beziehung mit dem GK ausgerichtet. Erst wenn es nicht mehr um die Beziehung geht, sondern nur um das eigene Glück, hat der LL seinen Wert erkannt und befindet sich in der Eigenliebe.

- *Warum die die Eigenliebe eigentlich so wichtig? Ich wäre doch auch mit einer Beziehung so, wie die Situation jetzt ist, glücklich mit dem GK.* Aufgrund der so verschiedenen Persönlichkeiten von LL und GK gibt es verschiedene Punkte, die eine Beziehung zwischen den beiden als aussichtslos erscheinen lassen. Beide scheinen andere Sprachen zu sprechen, sie haben unterschiedliche Erwartungen ans Leben, den Partner und zudem sehr verschiedene Vorstellungen von erstrebenswerten Zuständen und/oder Dingen. Dies erfordert von beiden, dass sie den anderen so sein lassen können, wie er ist. Das kann nur dann gehen, wenn bedingungslos, also erwartungslos geliebt wird. Ein LL, der sich nicht in der Eigenliebe befindet, wird immer vom GK erwarten, dass er ihm seine Liebe in einer Form demonstriert, die der LL versteht. Das ist nun aber gar nicht die Art des GK. Basis MUSS also die Eigenliebe beider Beteiligter sein, die sicherstellt, dass vom anderen nichts eingefordert wird, was dieser aufgrund seiner Persönlichkeit nicht geben kann.
- *Kann ich nicht einfach aus diesem ganzen Dualseelenprozess aussteigen?* Ja, das ist durchaus möglich. Aber – man höre und staune – das ist nur dann möglich, wenn die „Droge“ des LL nicht mehr die Liebe von außen ist. Denn da der GK die „größte“ Liebe anbietet, wird sich der LL solange danach sehnen und für sie alles mitmachen, was erforderlich ist, bis er auf diese Liebe nicht mehr angewiesen ist. Das ist dann der Fall, wenn der LL vollkommen in seiner Eigenliebe ange-

kommen ist. Es scheint also so zu sein, dass man um den Weg bis zur Eigenliebe nicht herumkommen kann.

- *Wie kann ich erkennen, dass es der GK dieses Mal ernst meinst?* Dies ist eine Frage, die sich der LL im Laufe des Dualseelenprozesses sehr viele Male stellt. Der sicherste Weg ist der, sich selbst zu hinterfragen. Wenn der LL sich selbst genug ist, den GK nicht mehr „braucht“ und auch ansonsten erwartungslos ist, kann man davon ausgehen, dass auch der GK einen Sprung in seiner Entwicklung gemacht hat. Will man den GK prüfen, kann man dies nur, indem man eindeutige Aussagen und Handlungen von ihm erhält, die verdeutlichen, dass er nichts mehr zurückhält und alle erforderlichen Maßnahmen ergriffen hat, um eine offen gelebte und verbindliche Beziehung zu leben. Die Betonung liegt hier auf „ergriffen hat“, denn alleine seine Absicht, dies zu tun, ist erfahrungsgemäß keine Garantie, dass er es auch tun wird. Zu schnell kehren alte Ängste bei ihm zurück und übernehmen die Herrschaft, was die meisten LL auch des Öfteren schmerzhaft erlebt haben.
- *Darf ich mit meinem GK in Kontakt bleiben oder ist es besser, diesen komplett abzubrechen?* Viele LL sind konstant mit ihrem GK konfrontiert. Das macht die Sache nicht leichter, müssen sie ihn doch teilweise mit einem anderen Partner oder abweisend erleben. Es kann also durchaus hilfreich sein, den Kontakt komplett abzubrechen. Alleine um des eigenen Friedens willen. Auf der anderen Seite gibt es durchaus Phasen, in denen der GK sich nach der Aufmerksamkeit des LL

sehnt und seine Energie aus dessen Aufmerksamkeit bezieht. Hier muss jeder LL für sich beantworten, womit er besser umgehen kann. Generell ist es so, dass LL oft meinen, dass der GK sich für sie nicht mehr interessiert, weil er auf ihre Nachrichten, Mails oder ihr Erscheinen nicht positiv bis gar nicht reagiert. Damit liegt der LL falsch. Der GK ist sich seiner Liebe zum LL häufig durchaus bewusst, verdrängt sie aber nur. Seine Ignoranz von Nachrichten oder der Anwesenheit des LL rührt daher, dass er entweder dem LL keine Hoffnung auf eine Änderung machen will oder gerade im Verdrängungsmodus ist und sich selbst von seinen Gefühlen überfordert fühlt.

❖ *Warum lässt der GK einfach jede Gelegenheit ungenutzt, mit mir alleine zu sein oder mit mir ein klärendes Gespräch zu führen?* Dies ist eine typische Frage eines Gefühlsmenschen, der seine Gefühle erkennt, mit ihnen umgehen kann und sich sogar über sie freut. Der GK ist anders. Von der Intensität seiner Gefühle fühlt er sich in den meisten Fällen komplett überrollt, wenn er auf den LL trifft. Es handelt sich für ihn um einen inneren Kurzschluss, bei dem einfach nichts mehr geht. Er braucht erst den Abstand, um sich wieder im Griff zu haben und den Blackout zu beseitigen, den die emotionale Überforderung ausgelöst hat. Erst dann ist er in der Lage zu reagieren. Spontane Reaktionen wird es von ihm kaum geben. Wenn er sich allerdings auf ein Treffen einstellen kann und mit seinen Gefühlen rechnet, sieht die Sache schon anders aus.

- *Sollte ich Gelegenheiten nutzen, um mich beim GK in Erinnerung zu rufen?* Dies ist eine Frage, die nur der LL selbst für sich beantworten kann. Natürlich ist es für den GK nach längerer Abwesenheit des LL so, dass ihn seine Gefühle bei einem unerwarteten Treffen überrollen werden. Vieles, was er mehr oder weniger erfolgreich verdrängt hat, wird wieder an die Oberfläche kommen. Da die meisten GK sehr trainierte Verdränger sind, kann dies durchaus seine Vorteile haben. Wie bereits beschrieben wird aber trotzdem kaum mit einer spontanen und für den LL positiven Reaktion zu rechnen sein. Und wenn auf diese eine Gelegenheit keine weiteren folgen, wird bald auch wieder der altbekannte Mechanismus der Verdrängung funktionieren. Für den LL ist es aber so, dass er durch dieses Ereignis ebenfalls wieder mit dem konfrontiert wurde, was er sich so sehnlichst wünscht. Ob der LL in der Lage ist, damit entsprechend umzugehen, muss er für sich entscheiden.
- Wenn ich fühle, dass es meinem GK schlecht geht, sollte ich ihm helfen? Genau wie dem LL wird der GK Phasen haben, in denen es ihm schlecht geht. Zudem wird der GK mehr als der LL von seinen Gefühlen überrollt, da er meist im Verdrängungsmodus ist, was dazu führt, dass alles auf einmal auf ihn zukommt, wenn dieser Mechanismus plötzlich nicht mehr funktioniert. Viele GK versuchen deshalb über kurz oder lang zusätzliche Methoden, die ihnen helfen zu vergessen. Alkohol- und Drogenprobleme sind hier nicht selten, was zu ei-

nem weiteren Problem führt, mit dem sich der GK auseinandersetzen muss. Sensible LL, die ihren GK fühlen können, können meist ein Lied davon singen, was sie alles durchmachen müssen, wenn sie auf energetischer Ebene die Gefühle ihres GK mitbekommen. Doch ist es so, dass der GK aus den verschiedensten Gründen gerade dann den LL nicht gebrauchen kann. Zum einen ist es so, dass der GK keine zusätzliche Erinnerung an die Ursache seines Problems gebrauchen kann. Er ist emotional überfordert und das Auftauchen des LL würde das nur verstärken. Zum anderen ist den meisten GK ihr Bild, das sie nach außen darstellen, enorm wichtig. Sie möchten gerade von den Menschen, die sie lieben, nur perfekt gesehen werden. Auch wenn für den LL der Mensch, den er liebt, erster Ansprechpartner bei einem Problem ist und er das nicht nachvollziehen kann, ist es dennoch so, dass der GK seinen Stolz und seine Achtung vor sich selber verlieren würde, wenn ihn der LL so sehen würde. Er muss diese Art von Vertrauen und Offenheit erst noch lernen. Deshalb sollte jeder LL zwar offen sein, wenn der GK um Hilfe bittet und sich öffnet, ansonsten aber den Wunsch des GK, sein Bild nach außen aufrechterhalten zu können, respektieren.

Dies sind einige der häufigsten Fragen, die Loslasser regelmäßig stellen. Die Antworten geben einen guten Hinweis auf das, was jeder Loslasser anstreben sollte. Sie erklären aber auch die Persönlichkeitsstruktur des Gefühlsklärers, der für den Loslasser immer noch häufig wie ein Alien ist.

Es gibt sicherlich noch viele Fragen, die man an dieser Stelle stellen könnte, jedoch sind auch Dualseelen einzigartige und in ihrer Persönlichkeit individuelle Wesen, die ihren ureigenen Weg gehen. Man kann das Prinzip erklären und verstehen, nicht jedoch jede Variante in einem Buch abdecken. Hierfür eignen sich persönliche Gespräche unter Betroffenen oder verschiedene Gruppen in den Sozialen Medien, in denen man von Erfahrungen anderer Dualseelen profitieren und seine eigenen weitergeben kann.

Zum Abschluss ...

Dualseelenbeziehungen sind faszinierende Prozesse, die die Beteiligten in einer einzigartigen und sehr wirkungsvollen Weise dazu bringen, den Weg in ein besseres, glücklicheres und positiveres Leben zu gehen. Ob man nun an eine Lenkung „von oben" glaubt oder aber an belegbare psychologische Abläufe: Es steht fest, dass ab dem Treffen der Dualseelen und der Konfrontation mit ihren einzigartigen Gefühlen nichts mehr so ist, wie es mal war, und dass der darauf folgende Weg vielleicht beschwerlich, jedoch um ein Vielfaches effektiver ist als jede Therapie.

Ich kann nur hoffen, dass dieses Buch dir auf deinem Weg ein wenig weiterhilft. Wie immer kannst du mich gerne über die Sozialen Medien kontaktieren oder mir eine Mail an info@petra-liermann.de schreiben.

Über die Autorin

Petra Liermann wurde 1971 in Dortmund geboren. Nach ihrem Abitur schlug sie eine Beamtenlaufbahn ein, bis sie 2003 nach Ägypten auswanderte und dort bis 2011 lebte.

Nach ihrer Rückkehr nach Deutschland beschäftigte sie sich zunehmend mit energetischen Heilmethoden und spirituellen Themen. Zunächst nur als Verarbeitung der eigenen Erlebnisse gedacht, schrieb sie ihre Erlebnisse in Ägypten auf. Hieraus entstand ihr Buch »Sand in ihren Schuhen«, das 2015 im Franzius Verlag veröffentlicht wurde. Das große Interesse der Leser führte dazu, dass ihre Geschichte in »Wind in ihren Haaren« ihre Fortsetzung findet.

Heute lebt Petra Liermann mit ihrer Tochter im Ruhrgebiet und arbeitet als Lektorin und Autorin. In ihren Ratgebern gibt sie ihren Lesern ihre eigenen Erfahrungen im Bereich der positiven Lebensführung und spirituellen Entwicklung weiter.

www.petra-liermann.de

Veröffentlichungen der Autorin im Franzius Verlag:

**»Eine Seele in zwei Körpern –
Der Weg der Dualseelen in eine glückliche Beziehung«**
Ratgeber, 230 Seiten
ISBN 978-3-96050-118-3

Dualseelenbeziehungen sind die wohl intensivste Art der Liebe, die in einer Inkarnation erlebt werden kann. Sie beschert allen Beteiligten seelischen Schmerz, immer neue, scheinbar nicht zu bewältigende Herausforderungen und die Konfrontation mit einem Gegenpart, der sich komplett von der eigenen Persönlichkeit unterscheidet.
Der Weg zur Beziehung ist meist lang und beschwerlich, wenn sie überhaupt erreicht wird. Doch mit dem notwendigen Verständnis von Sinn, eigener Aufgabe und dem Wesen des Anderen lassen sich unnötige Brüche in der Beziehung und typische „Fallen“ umgehen. Das Ziel – eine Beziehung in bedingungsloser Liebe und Glück – kann so einfacher erreicht werden.
Die Autorin erklärt nicht nur die typischen Entwicklungen in diesen Beziehungen, sondern auch die beiden Beteiligten - den „Loslasser“ und den „Gefühlsklärer“ – so, dass das Verständnis füreinander wachsen kann. Außerdem hilft ein 50-wöchiger Kurs dem „Loslasser“ auf seinem Weg zu Eigenliebe und Glück.

**»Weiblichkeit leben –
Zurück in die Steinzeit oder vorwärts in ein neues Leben«**
Ratgeber, 116 Seiten
ISBN 978-3-96050-067-4

Was bedeutet Weiblichkeit heute? Und ist durch die wachsende Gleichberechtigung von Mann und Frau die Weiblichkeit gleichermaßen aufgewertet worden? Oder ist vielleicht genau das Gegenteil der Fall? Was hat die Welt zu der gemacht, in der wir heute leben? Und welchen Einfluss hat die Wertigkeit der Weiblichkeit darauf?
Diese und andere Fragen stellt sich die Autorin in diesem Buch und stellt bei ihrer Beantwortung Erstaunliches fest:

Weiblichkeit ist nicht nur eine Frage von Gleichberechtigung oder gleichen Rechten von Frauen, sie ist nicht nur eine Sache von körperlichen Merkmalen und bei weitem nicht nur Sache der Frauen.
Dieses Buch will nicht nur Antworten liefern, sondern zeigt gleichzeitig einen Weg zu mehr Authentizität und Glück für Frauen und Männer auf.

»2021 – Wer wir sind, wo wir stehen und wohin wir gehen«
Aktualisierte und überarbeitete Fassung von »2015«
Sachbuch, 80 Seiten
ISBN 978-3-945509-31-9

Wie leben wir? Und warum tun wir es gerade so und nicht anders? Und wieso bringen Fortschritt und Entwicklung offensichtlich weniger Glück, aber mehr Unzufriedenheit, Krankheit und Stress in unser Leben. Diese und andere Fragen werden in diesem Buch gestellt und nicht nur das System, sondern das Leben in seiner Gesamtheit zur Beantwortung kritisch hinterfragt. Dabei zeigt die Autorin einen klaren Weg heraus aus der Misere – die Entwicklung von Eigen- und Nächstenliebe!
Ein Buch für alle, die bereit sind, aus der Opferrolle herauszutreten - hinein in ihre eigene Schöpferkraft!

»Sand in ihren Schuhen«
Biografie, 430 Seiten
ISBN 978-3-945509-30-2

Im Alter von 30 Jahren wanderte Petra nach Ägypten aus, da sie ihre Bestimmung weder in Deutschland noch im Öffentlichen Dienst sah. In Ägypten lernte sie zunächst ihren Traumpartner kennen, den sie jedoch verschmähte. Danach traf sie ihren späteren Ehemann Sayed, mit dem sie über sechs Jahre eine meist sehr harmonische Ehe führte. Das Glück wurde durch die Geburt der gemeinsamen Tochter perfekt, bis Petra herausfand, dass ihr Mann einen Fehler begangen hatte, der für ihrer aller Leben schwerwiegende Folgen bereithielt: Sayed musste seinen »Fehltritt« heiraten und eine Zeit voller Leid, Gewalt und enttäuschter Hoffnungen begann. Diese gipfelte nicht nur in Petras Flucht aus Ägypten, um das Leben ihrer Tochter zu ret-

ten. Die Geschichte zeigt auch den oft schmerzhaften Weg der Selbstfindung und Liebe zu sich selbst und dem Leben.
Nachdem sich Petra von ihrem Mann scheiden ließ, verstärkten sich die Bedrohungen durch ihn weiter. Zurück in Deutschland folgten sowohl Telefonterror als auch Todesdrohungen gegen Freunde und Familienangehörige der Anwälte – bis heute.

»Wind in ihren Haaren«
Roman, 200 Seiten
ISBN 978-3-96050-013-1

Nach ihrer Flucht aus Ägypten ist Petra mit ihrer Tochter zwar sicher in Deutschland angekommen, doch von einem ruhigen Leben ist sie noch weit entfernt! Der Wille, glücklich zu sein, führt sie auf verschiedenste (Um-)Wege und auch zu einem neuen Mann. Doch wie immer in ihrem Leben wählt Petra auch hier gerne das Komplizierte. Sie versucht nebenher, ihr Eigentum in Ägypten zurückzubekommen. Dies würde den Drohungen ein Ende bereiten, die das Leben von ihrer Tochter und ihr ständig begleiten. Am Ende hilft ihr dabei die Erkenntnis, dass Liebe der einzige Weg ist!
Bei »Wind in ihren Haaren« handelt es sich um einen in sich abgeschlossenen Roman, der auch unabhängig von »Sand in ihren Schuhen« gelesen werden kann.

»Liebe und Gewalt –
Wahre Begebenheiten der Leser von ›Sand in ihren Schuhen‹«
Biografische Geschichten
ISBN 978-3-96050-038-4 (nur als E-Book erschienen)

Gewalt gegen Frauen, besonders in Beziehungen, ist auch heute noch ein Thema, das in der Öffentlichkeit zu wenig Beachtung erfährt. Oftmals stehen die Betroffenen alleine vor einem Berg an Problemen und erhalten nur unzureichend Hilfe bei dem Prozess, sich von ihrem Peiniger dauerhaft zu trennen. Die Autorin, die in ihrem Buch »Sand in ihren Schuhen« ihren eigenen Trennungs- und Heilungsprozess beschrieben hat, erzählt in diesem Buch und in Bezug auf das wichtige Thema sechs unterschiedliche und wahre Geschichten ihrer Leserinnen.

Novitäten 2019/2020 im Franzius Verlag

Sachbücher und Ratgeber

»Enneagramm und Hochsensibilität – Die neun Persönlichkeitstypen und ihr Entwicklungspotential«
Von Dr. Marianne Skarics, ISBN 978-3-96050-170-1

»Increase your energy: Mehr Gesundheit, Erfolg und Glück«
Deutsche Erstausgabe des Titels »Increase your energy«
Von Frederick Dodson, ISBN 978-3-96050-136-7

»Magnetic Wealth Attraction - Werde ein Magnet für Wohlstand, Überfluss und Fülle«
Deutsche Erstausgabe des Titels » Magnetic Wealth Attraction«
Von Frederick Dodson, ISBN 978-3-96050-180-0

Romane

»Bis ans Ufer«
Historischer Krimi von Sophie Heinig, ISBN 978-3-96050-182-4

»Reise zum inneren Avatar«
Spiritueller Roman von Mirjam Wyser, ISBN 978-3-96050-176-3

»Die Heimsuchungen der Familie Bell – Teil 1«
Historischer Krimi von Christiane Kromp, ISBN 978-3-96050-174-9

»Mörderische Psychospiele – Zwischen Bremen und der Nordsee«
Regionalkrimi von Sabine Bruns, ISBN 978-3-96050-172-5

»28 m² – Die Probandenstudie«
Thriller von Perry Payne, ISBN 978-3-96050-168-8

»Getaway – Auf der Flucht vor der Vergangenheit«
Thriller von Timothy Whiter, ISBN 978-3-96050-164-0

»Redric«
Young-Adult Thriller von Jenny Rubus, ISBN 978-3-96050-160-2

»Tödliche Ruhr«
Kriminalroman von Ralf Weißkamp, ISBN 978-3-96050-152-7

»S.A.M. – Mord zwischen den Zeilen«
Roman von Teresa Nagengast, ISBN 978-3-96050-156-5

»Barackenkinder«
Roman nach einer wahren Begebenheit
Von Marion Schinhofen, ISBN 978-3-96050-158-9

»Blowing Across«
Science-Fiction von Christine Keller, ISBN 978-3-96050-154-1

»Das Spanische Schwert«
Kriminalroman mit historischem Bezug von Neal Skye & Cherry Loster, ISBN 978-3-96050-147-3

»Ein Stück Süden für Dich«
Kreta-Roman von Sigrid Wohlgemuth, ISBN 978-3-96050-150-3

»Jagdbare Tiere«
Mystery-Thriller von Ronja Potstawa, ISBN 978-3-96050-145-9

»Auf leeren Seiten«
Mystery-Thriller von Melanie Bottke, ISBN 978-3-96050-143-5

Kinder- und Jugendbücher

»Acello und das verborgene Reich der Magie«
Band 4 der »Acello«-Reihe
Von Mirjam Wyser, ISBN 978-3-96050-162-6

»Die Kristallkinder und das fliegende Auto«
Band 3 der »Kristallkinder«-Reihe
Von Mirjam Wyser, ISBN 978-3-96050-166-4